진화하는 법

민주주의와 시민의 삶을 지키는
"진화하는 법"

2025년 4월

海官 정원기 드림

정원기 변호사의 특별법 이야기 2

진화하는 법

1판 1쇄 인쇄 2025년 4월 16일
1판 1쇄 발행 2025년 4월 23일

지은이 정원기
펴낸이 신승철
펴낸곳 잉걸북스

기획진행 곽태준
교정교열 오재연
디자인 놀이터

출판등록 2024년 8월 29일 제25100-2024-000052호
주소 서울시 노원구 노원로 564, 1011-1311
전화 010-4964-6595
팩스 02-6455-3736

© 정원기, 2025

ISBN 979-11-990192-2-5 (03360)

정원기 변호사의 특별법 이야기 2

진화하는 법

정원기 지음

잉걸북스

대법원 앞에 서 있는 법과 정의의 여신상처럼, 오케스트라 무대 위에는 지휘자가 서 있습니다. 정의의 여신이 한 손에는 저울을, 다른 손에는 법전을 들고 있는 것처럼, 지휘자는 한 손에는 지휘봉을, 다른 손으로는 악보를 가리키며 전체의 조화를 이끌어냅니다. 여신상이 나라마다 조금씩 다른 모습을 하고 있듯이, 각 나라의 법체계도 그들만의 특색을 가지고 있습니다. 하지만 결국 모두가 추구하는 것은 하나입니다. 바로 정의로운 사회, 조화로운 하모니입니다.

웅장한 음악회를 준비하는 오케스트라를 상상해 보셨나요? 수십 명의 연주자가 각기 다른 악기를 연주하면서도 하나의 아름다운 선율을 만들어내기 위해서는 기본적인 악보와 함께, 수많은 특별한 지시사항들이 필요합니다. 첼로는 좀 더 깊이 있게, 바이올린은 조금 더 경쾌하게, 플루트는 한 음 높여서. 이처럼 각 악기마다 다른 특별한 지시가 있어야 완벽한 하모니가 만들어집니다. 우리 사회의 '특별법'도 이와 비슷합니다. 일반법이라는 기본 악보만으로는 해결하기 어려운 특별한 상황에서 필요한 세부적인 지시사항과 같은 것이죠.

　우리나라는 특별법이 가장 활발하게 제정되는 국가 중 하나입니다. 이는 우리 사회가 그만큼 역동적이고 빠르게 변화하고 있다는 증거이기도 합니다. 마치 현대음악에서 전통적인 악보 기호만으로는 표현할 수 없는 새로운 연주법이 필요한 것처럼, 급변하는 사회 속에서 새로운 법적 해결책이 끊임없이 요구되고 있는 것입니다.

　특별법이 어떻게 만들어지는지 사례를 통해 살펴볼까요? 2018년에 발의된 윤창호법처럼, 때로는 우리 사회의 아픈 사건이 새로운 법을 만들어내기도 합니다. 음주운전으로 인한 안타까운 죽음이 시민들의 마음을 움직였고, 그 공감대는 결국 새로운 법의 탄생으로 이어졌습니다. 전세사기 사태에 대응하기 위한 특별법 제정 논의나, 연예인 고(故) 구하라 씨의 안타까운 사연으로 만들어진 구하라법도 같은 맥락입니다. 마치 오케스트라에서 특정 악기의 소리가 전체 연주에 문제를 일으킬 때, 새로운 연주 지침이 필요한 것처럼 말입니다.

이 책에서는 크게 두 영역의 특별법을 다룹니다. 첫째는 '국가체제'와 관련된 다섯 가지 특별법입니다. 이는 마치 오케스트라 전체를 움직이는 기본 규칙과도 같습니다. 계엄법은 공연장에 큰 위기가 닥쳤을 때의 비상 대피 매뉴얼과 같고, 국회 선진화법은 오케스트라의 단원들이 좀 더 조화롭게 의사결정을 할 수 있도록 하는 회의 규칙과도 같습니다. 공수처법은 연주자들 사이의 견제와 균형을 맞추는 특별한 장치이며, 국가보안법은 공연의 안전과 질서를 지키는 기본 지침입니다. 헌법재판소법은 공연의 시작과 끝을 총체적으로 조율하고 해석하되 오케스트라의 수석 지휘자가 악보를 해석하는 기준이 됩니다.

둘째는 '개인의 권리'와 관련된 다섯 가지 특별법입니다. 이는 각각의 악기 연주자들을 위한 특별한 연주법과 같습니다. 구하라법은 연주자의 기본적 권리를 보호하기 위한 특별 지침이고, 가정폭력특별법은 연습실이라는 사적 공간에서도 폭력이 있어서는 안 된다는 규칙입니다. 전세사기피해자법과 보험사기방지특별법은 연주자들의 재산과 권리를 보호하는 안전장치이며, 윤창호법은 공연장의 안전을 위협하는 음주운전을 막기 위한 새로운 규정입니다. 이처럼 각각의 특별법은 전체 연주의 완성도를 높이면서도, 개별 연주자의 권리도 섬세하게 보호하는 역할을 합니다.

이 책에서는 열 가지 특별법이 각각 어떤 사회적 배경에서 만들어졌고, 어떤 논란과 과정을 거쳤으며, 우리 사회에 어떤 변화를 가져왔는지 상세히 다룰 것입니다. 마치 악보에 담긴 작곡가의 의도를 이해하고 그것이 실제 연주에서 어떻게 구현되는지를 살펴보는 것처럼, 각 법의 제정 취지와 그 실제적 영향을 이해하고자 합니다.

프랑스 루브르 박물관의 유물이 된 함무라비 법전처럼, 법은 시대에 따라 변화합니다. 특히 특별법은 그 변화를 가장 빠르게 반영하는 거울입니다. 일반법이 바뀌기까지 오랜 시간이 걸리는 것과 달리, 특별법은 사회의 긴급한 요구에 신속하게 대응할 수 있습니다. 그래서 특별법은 우리 사회의 민주주의와 정의가 어디로 향하고 있는지 보여주는 나침반이기도 합니다.

현재 우리 사회는 급격한 변화 속에서 새로운 도전과 과제들을 마주하고 있습니다. 디지털 기술의 발전으로 인한 메타버스, 인공지능(AI) 관련 법제화 문제, 기후 변화에 따른 환경 규제, 저출산·고령화로 인한 인구구조의 변화 등은 새로운 형태의 특별법을 요구하고 있습니다. 이러한 시대적 요구에 부응하면서도, 기본권과 정의의 가치를 지켜나가는 것이 앞으로의 특별법이 해결해야 할 과제일 것입니다.

이 책은 법을 전공하지 않은 일반 독자들이 쉽게 이해할 수 있도록 구성했습니다. 특별법이라는 렌즈를 통해 우리 사회를 들여다보고 싶은 분들, 현대 한국 사회의 변화를 이해하고 싶은 분들, 그리고 법이 우리의 일상생활에 미치는 영향을 알고 싶은 분들에게 유용한 안내서가 될 것입니다.

법을 가까이한다는 것은 결국 정의의 가치를 발견하기 위한 노력입니다. 특별법은 그 노력의 최전선에 있습니다. 시대의 요구와 국민의 목소리를 가장 빠르게 반영하는 특별법을 통해, 우리는 우리 사회가 추구하는 정의가 무엇인지 더 명확하게 볼 수 있을 것입니다.

이제 여러분을 이 특별한 법의 세계로 초대합니다. 우리 사회의 정의로운 하모니를 만들어가는 특별법의 이야기를 함께 들어 보시겠습니까? 각각의 특별법이 어떻게 우리 사회를 더 나은 방향으로 이끌어가는지, 그 흥미진진한 여정을 시작해 보겠습니다.

| 차례 |

Part 2 _ 시민의 권리와 안전

Part 1

민주주의와
권력의 균형

민주주의의 경계선에 선 양날의 칼 _계엄법

2024년 12월 3일은 대한민국에서 특별한 날이었습니다. 웅장한 오케스트라 공연이 한창일 때, 갑자기 공연장에 큰 화재가 발생했다고 상상해 보세요. 이때 지휘자는 즉시 연주를 중단하고, 모든 권한을 안전 책임자에게 넘겨야 합니다. 평화로운 일상의 규칙들은 잠시 유보되고, 관객과 연주자들의 생명을 지키기 위한 비상 매뉴얼이 가동됩니다. 계엄법은 바로 국가라는 거대한 오케스트라가 극단적 위기에 직면했을 때 작동하는 비상 매뉴얼과 같습니다. 평화로운 일상에서는 잠자고 있지만, 위기 상황에서 생명과 안전을 지키는 마지막 보루가 될 수 있습니다. 하지만 이 강력한 도구가 남용되지 않도록 민주적 통제장치를 갖추고, 시대의 변화에 맞춰 계속 발전시켜 나가는 것이 우리의 과제입니다. 국민의 자유와 안전이라는 두 가치의 균형을 맞추면서, 더욱 민주적이고 효율적인 비상 대응 체계로 발전시켜야 할 것입니다.

| 국가 위기 시 작동되는 비상 매뉴얼, 계엄법 |

독자 이번 특별법의 첫 번째 주제로 계엄법을 선정해 주셨는데 아무래도 윤석열 대통령의 비상계엄 선포를 떠올리지 않을 수가 없네요.

정 변호사 그렇습니다. 2024년 12월 3일 윤석열 대통령이 비상계엄을 선포했고, 그에 따른 여러 가지 사건이 벌어지면서 온 나라가 떠들썩했습니다. 아직도 많은 법률적·정치적 문제들이 남아 있지요.

독자 결과와 상관없이 대한민국 사람들은 계엄법에 주목할 수밖에 없었습니다. 계엄법이 왜 필요한가요?

정 변호사 모든 국가는 전쟁이나 내란 같은 중대한 위기 상황에서 국민의 생명과 안전을 지키기 위한 특별한 조치가 필요합니다. 마치 오케스트라가 비상시를 대비해 대피 매뉴얼을 가지고 있는 것처럼, 국가도 위기 상황에서 작동하는 특별한 법적 장치가 필요한 거죠.

독자 계엄법의 역사적 배경에 대해 자세히 알고 싶습니다.

정 변호사 우리나라 계엄법은 1949년 11월 24일에 제정되었습니다. 당시는 신생 대한민국이 채 자리를 잡기도 전이었고, 한반도의 긴장이 고조되던 시기였습니다. 이런 배경에서 국가의 비상사태에 대비하기 위해 계엄법이 만들어졌죠. 실제로 이듬해인 1950년, 한국전쟁이 발발하면서 계엄법은 곧바로 적용되었습니다. 전시 상황에서 전국에 걸쳐 계엄이 선포되었는데, 이는 계엄법이 본래의 취지대로 사용된 대표적인 사례였습니다.

하지만 이후 계엄법은 안타깝게도 권위주의 체제를 위한 도구로 변질되었습니다. 1961년 5·16 군사정변, 1972년 유신체제, 그리고 1980년 12·12와 5·17 당시 계엄령에 이르기까지, 계엄은 주로 정권 장악이나 유지를 위한 수단으로 악용되었습니다. 민주화 이후, 이러한 역사적 교훈을 바탕으로 계엄법은 크게 달라졌습니다. 가장 중요한 변화는 첫째, 국회의 계엄 해제 요구권이 강화되었습니다. 과거에는 유명무실했던 이 권한이 2024년 사태에서 보듯이 실질적인 견제 수단으로 작동하고 있습니다. 둘째, 계엄 운영에 대한 국회의 통제권한이 대폭 확대되었습니다. 계엄사령관의 조치에 대해서도 국회가 감독할 수 있게 되었죠. 셋째, 계엄 시에도 보장되어야 할 국민의 기본권 보호조항이 신설되었습니다. 이는 과거처럼 계엄을 구실로 무분별한 인권침해가 일어나지 않도록 하기 위함입니다.

계엄법의 역사는 곧 우리 민주주의의 성장통을 보여줍니다. 과거의 아픈 경험이 오늘날 더 나은 법 제도를 만드는 밑거름이 된 것이죠. 이처럼 계엄법은 시대의 변화와 함께 진화해 왔습니다. 이제는 단순한 통제 수단이 아닌, 민주적 견제와 균형이 작동하는 비상 대비 체계로 자리 잡았다고 할 수 있습니다.

독자 그렇다면 현행 계엄법은 어떤 내용을 담고 있나요?

정 변호사 계엄에는 두 가지 종류가 있습니다. 비상계엄과 경비계엄인데요, 마치 오케스트라의 비상 상황에도 전체 관객 대피가 필요한 상황과 일부 구역만 통제가 필요한 상황이 있는 것처럼, 비상계엄은 전시·사변 또는 이에 준하는 국가 비상사태 시 발동되고, 경비계엄은 이보다 덜 심각한 상황에서 발동됩니다.

독자 실제로 계엄법이 악용된 사례가 있나요?

정 변호사 우리 현대사에서 가장 아픈 기억 중 하나가 바로 1980년 5·18 광주 민주화 운동 당시의 계엄 상황입니다. 당시 신군부세력은 비상계엄을 전국으로 확대하고, 이를 통해 민주화를 요구하는 시민들의 목소리를 무력으로 진압했죠. 그리고 잘 아시는 바와 같이 2024년 12월 3일에 비상계엄령이 선포되었으나, 비상계엄의 요건에 해당하지 않는 상황에서 내려진 계엄령 선포로 법적으로 문제점이 있습니다.

| 1980년과 2024년의 계엄령 |

독자 1980년과 2024년의 계엄령은 어떤 차이가 있을까요?

정 변호사 1980년 광주 민주화 운동 당시의 계엄령은 우리 현대사에서 가장 뼈아픈 교훈을 남겼습니다. 당시 계엄하에서 어떤 일이 벌어졌는지, 그리고 이를 통해 우리가 무엇을 배웠는지 자세히 살펴보겠습니다.

[계엄포고 제1호 전문(1980년 5월 17일)]

1. 모든 정치활동을 중지한다.
2. 정치목적의 옥내외 집회 및 시위는 일체 금지한다.
3. 언론, 출판, 보도, 방송은 사전검열을 받아야 한다.
4. 각 대학의 휴교 조치한다.
5. 이 포고를 위반하는 자는 영장 없이 체포 구금한다.
6. 특별한 경우 외에는 야간통행을 금지한다.

1980년 5월 17일

계엄사령관 육군대장 이희성

먼저 1980년 계엄포고 제1호를 보면, 당시 계엄령이 얼마나 심각한 인권침해를 야기했는지 알 수 있습니다. 모든 집회와 시위가 전면 금지되었고, 언론은 엄격한 검열을 받았습니다. 심지어 영장 없이도 시민들을 체포하고 구금할 수 있었죠. 이는 헌법이 보장하는 기본권을 근본적으로 부정하는 조치였습니다. 법적인 측면에서 보면, 당시의 계엄령은 여러 가지 심각한 문제점을 안고 있었습니다. 계엄을 전국으로 확대한 조치는 법적 근거가 부족했고, 과도한 물리력 행사로 인한 과잉 진압이 있었습니다. 특히 민간인들을 군사재판에 회부한 것은 심각한 인권침해였죠. 결과적으로는 5·18 민주화 운동으로 이어져 무고한 광주 시민들을 학살한, 광주 시민들과 국민들에게 평생 지울 수 없는 상처를 남긴 사건이 되었습니다.

1980년의 계엄령은 '국가권력이 어떻게 남용될 수 있는가'를 보여주는 대표적 사례입니다. 이는 우리에게 견제장치의 중요성을 일깨워준 역사적 교훈이 되었죠. 이러한 쓰라린 경험은 결과적으로 현행 계엄법의 개선으로 이어졌습니다. 이처럼 1980년의 비극적 경험은 역설적으로 우리 계엄법을 더욱 민주적이고 인권친화적인 제도로 발전시키는 계기가 되었습니다. 과거의 아픔이 오늘날 더 나은 법 제도를 만드는 밑거름이 된 것입니다. 한 민주화 운동 참여자는 이렇게 회고합니다. "우리의 희생이 헛되지 않았다는 것을 현재의 계엄법을 통해 확인할 수 있습니다. 더 이상 계엄이 인권침해의 도구로 사용될 수 없다는 점이 가장 큰 성과라고 생각합니다."

독자 그러면 계엄법은 위험한 것 아닌가요?

정 변호사 네, 중요한 지적입니다. 오케스트라의 비상 매뉴얼이 공연을 망치는 도구로 악용될 수 있는 것처럼, 계엄법도 국민의 기본권을 제한하는 위험한 도구가 될 수 있어요. 실제로 우리나라 현대사에서 계엄법은 양날의 검과 같은 역할을 했습니다.

독자 구체적으로 어떤 사례들이 있나요?

정 변호사 우리나라 계엄령의 대표적인 사례를 시간 순으로 살펴보겠습니다. 먼저, 1979년 12·12 군사반란과 1980년 5·18 광주 민주화 운동 당시의 계엄이 있습니다. 이때의 계엄령은 국가 위기관리가 아닌 정권 장악의 도구로 악용되었죠. 마치 화재가 나지도 않았는데 비상벨을 울려 공연장을 장악하는 것과 같은 상황이었습니다. 그리고 가장 최근의 사례로, 2024년 12월 3일 윤석열 대통령이 선포한 비상계엄이 있습니다.

[계엄사 포고령 1호(2024년 12월 3일)]

1. 국회와 지방의회, 정당의 활동과 정치적 결사, 집회, 시위 등 일체의 정치활동을 금한다.

2. 자유민주주의 체제를 부정하거나, 전복을 기도하는 일체의 행위를 금하고, 가짜 뉴스, 여론조작, 허위선동을 금한다.

3. 모든 언론과 출판은 계엄사의 통제를 받는다.

4. 사회혼란을 조장하는 파업, 태업, 집회행위를 금한다.

5. 전공의를 비롯하여 파업 중이거나 의료현장을 이탈한 모든 의료인은 48시간 내 본업에 복귀하여 충실히 근무하고 위반 시는 계엄법에 의해 처단한다.

6. 반국가세력 등 체제전복세력을 제외한 선량한 일반 국민들은 일상생활에 불편을 최소화할 수 있도록 조치한다.

이상의 포고령 위반자에 대해서는 대한민국 계엄법 제9조(계엄사령관 특별조치권)에 의하여 영장 없이 체포, 구금, 압수수색을 할 수 있으며, 계엄법 제14조(벌칙)에 의하여 처단한다.

2024년 12월 3일

계엄사령관 육군대장 박안수

2024년 계엄사 포고령 1호를 살펴보면 크게 두 가지 특징을 드러냅니다. 첫째는 위헌적 요소가 있는데도 국회와 정당의 활동을 금지한 것, 둘째는 의료현장을 떠난 의료인들에게 본업에 복귀하지 않을 시 처단한다고 게시한 것처럼 상식을 넘어선 표현들이었습니다.

독자 생각해 보니 시대의 흐름과는 동떨어진 표현들이네요. 결과적으로 현직 대통령의 탄핵으로 이어졌는데 1980년과 2024년의 계엄령에서 우리가 확인하고 찾아야 할 교훈은 무엇일까요?

정 변호사 2024년 12월 계엄령의 사례는 과거와는 달리, 우리나라의 민주주의와 법치주의가 얼마나 성숙했는지 보여주었죠. 과거의 계엄령이 민주주의를 후퇴시켰다면, 2024년의 사례는 오히려 우리의 헌법적 가치가 얼마나 견고한지를 증명했습니다. 실제로 2024년 비상계엄 사태는 우리 헌법상의 견제와 균형 시스템이 제대로 작동했음을 보여줍니다. 대통령의 계엄 선포 직후, 국회는 신속하게 소집되어 계엄 해제 결의를 했고, 이어서 대통령에 대한 탄핵소추까지 의결했습니다.

이번 사태를 통해 우리는 세 가지를 확인할 수 있었습니다. 첫째, 계엄에 대한 국회의 통제권이 실효성 있게 작동한다는 점, 둘째, 헌법상 견제와 균형의 원리가 실제로 구현된다는 점, 셋째, 과거와 달리 계엄이 더 이상 정치적 도구로 악용될 수 없다는 점 등이었습니다. 이처럼 계엄령의 역사는 우리 민주주의의 발전 과정을 그대로 보여주고 있습니다.

| 계엄령이 선포되면 시작되는 것들 |

독자 만일 2024년 비상계엄이 진행됐다면 당장 어떤 일이 벌어졌을까요?

정 변호사 가장 중요한 변화는 군사기관이 행정사무와 사법사무의 일부를 관장하게 된다는 점입니다. 특히 비상계엄 시에는 영장 제도나 언론·출판·집회·결사의 자유가 제한될 수 있어요. 마치 공연장의 비상사태 때 평소에는 제한되는 비상구나 관계자 출입구를 모두 열어야 하는 것처럼, 평상시의 법체계가 일시적으로 변경되는 거죠.

독자 계엄이 선포되면 실제로 어떤 기관이 움직이나요?

정 변호사 계엄이 선포되면 평상시와는 다른 특별한 통치 체계가 가동됩니다. 이는 마치 회사에서 비상 상황이 발생했을 때 비상대책위원회가 꾸려지는 것과 비슷한데요, 먼저 계엄사령관이 임명됩니다. 대통령이 직접 임명하는 계엄사령관은 해당 지역의 최고지휘관이 되어 군사작전은 물론 행정과 사법 업무까지 관장할 수 있습니다. 특히 군사반란 진압이나 주요 군사시설 경비 같은 핵심적인 군사활동을 지휘하게 됩니다. 계엄사령관을 보좌하기 위해 계엄보좌관도 임명됩니다. 이들은 주로 행정기관이나 사법기관의 공무원 중에서 선발되는데요, 민간 분야의 전문성을 살려

계엄사령관의 업무를 돕는 역할을 합니다. 특히 주목할 만한 것은 군사법원과 군검찰부의 설치입니다. 비상계엄이 선포되면 특별히 계엄군사법원이 설치되어 민간인도 재판할 수 있게 됩니다. 다만 이는 과거 독재정권 시절 인권침해의 도구로 악용되었던 아픈 역사가 있어, 현재는 그 운영에 매우 엄격한 제한이 있습니다. 실제 작동 체계를 보면 계엄사령관이 전체를 지휘하고 계엄보좌관들이 각 분야별로 실무를 총괄하고요, 군사법원과 군검찰이 사법처리를 담당합니다. 아울러 일반 행정기관은 계엄사령부 지휘하에 운영됩니다.

그러나 이러한 특별 체제는 철저한 감독을 받습니다. 국회는 계엄 운영 전반을 감시할 수 있고, 필요한 경우 계엄 해제를 요구할 수 있습니다. 또한 계엄사령관의 중요한 조치들은 모두 기록되어 추후 평가와 검토의 대상이 됩니다. 이처럼 계엄 체제는 위기 상황에 대처하기 위한 특별한 통치 시스템이지만, 과거의 교훈을 바탕으로 민주적 통제장치가 촘촘히 마련되어 있다는 점을 기억할 필요가 있습니다.

독자 국회의 계엄 해제 요구권은 어떻게 작동하나요?

정 변호사 국회의 계엄 해제 요구권은 우리 헌법이 가진 가장 강력한 민주적 통제장치 중 하나입니다. 헌법 제77조 제5항에 따르면 국회는 재적의원 과반수의 찬성으로 계엄 해제를 요구할 수 있고, 대통령은 이를 반드시 따라야 합니다. 민주주의의 견제와 균형 원리가 잘 구현된 제도라고 할 수 있죠.

그러나 과거에는 이 권한이 제대로 작동하지 못했습니다. 1979년 12·12 군사반란이나 1980년 5·18 당시 국회는 계엄 해제는커녕 오히려 계엄 확대를 승인해 주는 부끄러운 역사를 남겼습니다. 반면 2024년 12월, 우리는 이 제도의 실효성을 직접 목격했습니다. 윤석열 대통령이 12월 3일 비상계엄을 선포하자, 국회는 긴급히 소집되어 계엄 해제 결의를 단행했습니다. 그 결과 비상계엄은 즉시 해제되었고, 나아가 대통령의 부당한 계엄 선포에 대해 탄핵소추까지 의결되었습니다.

이처럼 계엄 해제 요구권은 더 이상 종이 위의 문구가 아닌, 실제로 작동하는 민주주의의 보루가 되었습니다. 이는 우리가 과거의 아픈 경험을 교훈삼아 만들어낸 소중한 성과라고 할 수 있습니다. 앞으로도 이 제도가 제대로 작동하기 위해서는 국회의원들의 책임 있는 자세, 시민 사회의 감시와 견제, 언론의 자유로운 보도, 사법부의 독립성 보장 등이 필수적이라는 점을 잊지 말아야 할 것입니다.

독자 계엄이 선포되면 일상생활은 어떻게 달라지나요?

정 변호사 계엄이 선포되면 우리의 일상생활은 상당한 변화를 겪게 됩니다. 다만 그 변화의 정도는 계엄의 종류와 상황에 따라 다르게 나타납니다.

먼저 경비계엄의 경우를 보겠습니다. 경비계엄은 비교적 가벼운 형태의 계엄인데요, 이때는 기본적인 경제활동은 유지되지만 몇 가지 중요한 제한이 따릅니다. 예를 들어 야간 통행금지가 실시될 수 있고, 집회나 시위가 제한될 수 있습니다. 또한 군사시설 주변이나 특정 지역의 출입이 통제될 수 있습니다. 경비계엄 상황에서의 일상은 마치 엄격한 학교 규칙 아래에서의 생활과 비슷합니다. 기본적인 활동은 가능하지만, 일정한 규제와 감독이 따르는 거죠.

반면 비상계엄이 선포되면 훨씬 더 광범위한 제한이 이루어집니다. 언론과 출판물에 대한 검열이 행해질 수 있고, 영장 없이도 체포나 구금이 가능해집니다. 심지어 전화나 인터넷 같은 통신수단도 제한될 수 있으며, 민간인도 군사재판에 회부될 수 있습니다. 실제 생활에서 나타나는 주요 변화를 보면 야간 통행이 제한되어 저녁 외출이 어려워지고, 대규모 모임이나 행사가 금지됩니다. SNS 등 통신 이용에 제약이 생길 수 있으며, 특정 지역 방문이 어려워질 수 있죠.

그러나 한 가지 반드시 기억해야 할 것이 있습니다. 이러한 모든 제한은 '필요최소한의 원칙'에 따라 이루어져야 합니다. 계엄령이 국민의 기본권을 제한할 수는 있지만, 그것이 일상생활을 완전히 마비시키는 수준이 되어서는 안 됩니다. 제한은 반드시 필요한 범위 내에서만 이루어져야 하죠. 특히 현대 사회에서는 디지털 기술의 발달로 인해 새로운 형태의 제한이나 통제가 가능해졌습니다. 그만큼 시민들의 기본권 보호에도 더 세심한 주의가 필요합니다. 계엄 상황에서도 최소한의 일상성이 유지될 수 있도록, 균형 잡힌 접근이 중요한 시점입니다.

독자 외국인들에게는 어떻게 적용되나요?

정 변호사 계엄법은 우리나라 영토 내의 모든 외국인에게 적용되는 것이 원칙이지만, 몇 가지 중요한 예외가 있습니다. 외교관은 외교특권이 유지되며, 주한미군은 한미상호방위조약에 따라 특별한 지위가 보장됩니다. 일반 외국인의 경우 체류자격 제한이나 특정 지역 출입 통제 등이 가능하지만, 기본적 인권은 반드시 보장되어야 합니다.

| 계엄법의 가장 큰 쟁점 |

독자 현재 계엄법의 가장 큰 쟁점은 무엇인가요?

정 변호사 크게 세 가지를 들 수 있습니다. 첫째는 계엄 선포 요건이 여전히 모호하다는 점, 둘째는 군사법원의 재판권 범위가 너무 넓다는 점, 셋째는 국회의 통제권한이 더 강화되어야 한다는 점입니다. 특히 '이에 준하는 국가 비상사태'라는 표현은 해석에 따라 남용될 여지가 있어요.

독자 그렇게 무서운 법을 왜 아직도 유지하는 건가요?

정 변호사 좋은 질문입니다. 민주주의 국가에서 계엄법의 존재는 일종의 딜레마예요. 북한과 대치하고 있는 우리나라의 특수한 안보 상황을 고려하면 완전히 폐지하기는 어려운 형편입니다. 다만, 계엄 선포를 위해서는 매우 엄격한 요건이 충족되어야 합니다. 첫째는 전시·사변 또는 이에 준하는 국가 비상사태가 발생해야 하고, 둘째는 병력으로써만 군사상의 필요 또는 공공의 안녕질서를 유지할 필요가 있어야 하며, 셋째는 대통령은 법률이 정하는 바에 따라서만 선포할 수 있어야 합니다. 2024년 사례에서 보듯이, 이러한 요건이 충족되지 않은 계엄 선포는 곧바로 제재를 받게 됩니다.

또한 과거의 교훈을 바탕으로 다음과 같은 견제장치도 마련되어 있습니다. 국회의 계엄 해제 요구권, 계엄사령관 조치에 대한 국회 통제, 계엄 선포 시 지체 없이 국회 보고 의무, 위법한 계엄 선포에 대한 탄핵소추 가능 등입니다. 계엄법은 마치 항공기의 비상탈출구와 같습니다. 평소에는 열어서는 안 되지만, 정말 필요할 때를 위해 존재하죠. 중요한 것은 그 사용 요건과 절차를 엄격히 관리하는 것입니다. 결국 계엄법은 국가 존립을 위한 최후의 수단이지만, 그 발동 요건과 절차는 매우 엄격하게 제한되어 있다는 점을 기억해야 합니다.

독자 요즘 같은 시대에도 계엄법이 필요할까요?

정 변호사 현대의 안보 위협은 매우 다양해졌습니다. 사이버 테러, 대규모 자연재해, 감염병 사태 등등이 있죠. 전통적인 전쟁 위협만이 아닌 새로운 형태의 위기에 대응할 수 있도록 계엄법도 진화할 필요가 있어요.

독자: 최근에는 사이버 공격이나 테러 같은 새로운 위협도 심각하잖아요?

정 변호사 현대 사회는 과거와는 전혀 다른 형태의 안보 위협에 직면해 있습니다. 특히 디지털 시대가 되면서 사이버 공격이라는 새로운 위험이 등장했는데요, 이는 우리의 일상을 순식간에 마비시킬 수 있는 무서운 위협입니다. 예를 들어, 사이버 공격이 주요 기반시설을 타깃으로 할 경우 어떤 일이 벌어질까요? 전기, 수도, 통신망이 한꺼번에 마비되거나 금융 시스템이 붕괴될 수 있습니다. 현대 사회의 대부분 시스템이 네트워크로 연결되어 있어, 대규모 사이버 공격은 전쟁 못지않은 피해를 줄 수 있기 때문이죠. 테러의 위협도 간과할 수 없습니다. 과거의 테러가 주로 폭발물을 사용했다면, 이제는 생화학 무기나 방사능 물질을 이용한 테러까지 우려해야 합니다. 한 번의 테러로 수많은 인명피해가 발생할 수 있는 것이죠. 자연재해도 새로운 차원의 위협이 되고 있습니다. 특히 한반도에서 대규모 지진이 발생하거나 원전사고가 일어난다면 어떻게 될까요? 일본 후쿠시마 사태에서 보듯이, 이는 한 국가의 역량만으로는 감당하기 어려운 재난이 될 수 있습니다.

현대의 안보 위협은 더 이상 전통적인 군사력만으로는 대응할 수 없습니다. 사이버 보안부터 재난 대응까지, 통합적인 접근이 필요한 시대가 온 거죠. 이러한 상황에서 우리의 계엄법도 변화가 필요합니다. 현행 계엄법은 주로 전쟁이나 내란 같은 전통적 위기 상황을 전제로 만들어졌기 때문입니다.

앞으로 검토해야 할 과제들을 보면. 첫째, 사이버 공격에 대한 대응 체계 구축, 둘째, 테러 발생 시 신속한 대처 방안, 셋째, 대규모 재난 상황에서의 군 병력 운용, 첨단 기술을 활용한 위기관리 시스템 도입 등입니다. 이처럼 계엄법도 시대의 변화에 맞춰 진화해야 합니다. 다만 이 과정에서 가장 중요한 것은 국민의 기본권 보호입니다. 새로운 위협에 대응하면서도, 과거와 같은 인권침해가 반복되지 않도록 하는 지혜가 필요한 시점입니다.

| 다른 나라들의 계엄 제도 |

독자 다른 나라들의 계엄 제도는 어떤가요?

정 변호사 세계 각국은 저마다의 역사적 경험을 바탕으로 계엄 제도를 발전시켜 왔습니다. 특히 민주주의가 발달한 국가들의 사례를 살펴보면, 위기관리와 인권보호 사이에서 균형을 찾으려 노력해 왔다는 점을 알 수 있습니다.

먼저 미국의 계엄령(martial law)을 살펴보겠습니다. 미국의 경우, 대통령이 계엄령 선포 권한을 가지고 있지만, 그 권한 행사에는 강력한 견제장치가 있습니다. 의회가 적극적인 감독 기능을 수행하며, 연방대법원은 계엄령의 합헌성 여부를 심사할 수 있습니다. 미국의 계엄 제도는 권력 분립의 원칙을 철저히 반영합니다. 행정부의 권한 행사에 대해 입법부와 사법부가 실질적인 견제를 할 수 있도록 설계되어 있죠.

프랑스의 계엄(état de siège) 제도는 더욱 엄격합니다. 계엄 선포 시 반드시 의회의 승인을 받아야 하며, 12일이 넘는 계엄은 의회의 추가 동의가 필요합니다. 특히 계엄 시에도 제한될 수 있는 기본권의 범위를 법률로 명확히 정해 두고 있습니다.

독일은 2차 세계대전의 쓰라린 경험을 바탕으로 매우 신중한 접근을 보입니다. 기본법(헌법)에 비상사태 조항을 두고 있지만, 연방하원의 감독권을 매우 강화했으며 시민의 기본권 보장을 최우선으로 고려합니다.

이들 국가의 공통점을 보면, 첫째, 계엄 선포의 요건이 매우 엄격하고, 둘째, 의회의 통제권한이 강력하며, 셋째, 사법부의 독립성이 보장되고, 넷째, 기본권 보호장치가 철저합니다. 선진 민주주의 국가들의 계엄 제도는 '필요한 최소한의 통제'라는 원칙을 공유합니다. 과거의 오남용 사례를 교훈삼아 견제와 균형의 원리를 철저히 적용하고 있죠.

우리나라도 이러한 해외 사례를 참고하여 계엄법을 더욱 발전시켜 나가고 있습니다. 특히 주목할 만한 점은 국회의 계엄 해제 요구권 강화, 사법심사 가능성 확대, 기본권 제한의 최소화, 투명한 운영을 위한 제도적 장치 마련 등입니다. 이처럼 각국의 계엄 제도는 그 나라의 역사적 경험과 민주주의 발전 정도를 반영하고 있습니다. 우리도 이러한 글로벌 스탠더드를 참고하여, 위기관리와 인권보호가 조화를 이루는 방향으로 계엄법을 발전시켜 나가야 할 것입니다.

| 미래의 계엄법 |

독자 앞으로 계엄법은 어떻게 발전해야 할까요?

정 변호사 계엄법은 국가 위기관리 시스템의 일부로 재정립되어야 합니다. 계엄법은 앞으로 첫째, 계엄 발동 요건을 더욱 구체화하고 엄격히 해야 하고, 둘째, 국회와 사법부의 견제 기능을 강화해야 하며, 셋째, 시민의 기본권 보장과 국가안보의 균형을 찾아야 합니다.

독자 우리나라 계엄법의 시급한 개선점은 무엇이고, 미래에는 어떤 모습이어야 할까요?

정 변호사 현재 우리나라 계엄법은 중요한 전환점에 서 있습니다. 2024년 12월의 사태를 겪으며 우리는 계엄법의 현대화가 시급하다는 것을 깨달았습니다. 이제 구체적으로 어떤 변화가 필요한지 살펴보겠습니다.

먼저 가장 개선이 시급한 부분은, 계엄 발동요건의 구체화를 들수 있습니다. 현행법의 "이에 준하는 비상사태"와 같은 모호한 표현들은 자의적 해석의 여지를 남깁니다. 법률용어의 모호성은 곧 권력 남용의 가능성을 의미합니다. 더욱 명확하고 객관적인 기준이 필요한 시점입니다.

두 번째로 기본권 보장 강화가 필요합니다. 계엄 상황에서도 반드시 보장되어야 할 필수적 기본권 목록을 명확히 하고, 제한 가능한 기본권의 범위와 한계를 구체적으로 설정해야 합니다. 특히 언론, 집회, 결사의 자유는 민주주의의 근간이므로 특별한 보호 장치가 필요합니다.

세 번째로 민주적 통제장치를 더욱 강화해야 합니다. 현재도 국회의 계엄 해제 요구권이 있지만, 더 나아가 애초에 계엄 선포 단계에서부터 국회의 동의를 받도록 하는 방안을 검토할 필요가 있습니다.

그렇다면 미래의 계엄법은 어떤 모습이어야 할까요? 21세기 디지털 시대에 걸맞은 새로운 청사진이 필요합니다. 첫째, 스마트 통제 시스템의 도입입니다. AI 기반의 위협 평가 시스템과 실시간 상황 모니터링 체계를 구축하여 더욱 과학적이고 객관적인 판단이 가능하도록 해야 합니다. 둘째, 시민 참여형 감시 체계가 필요합니다. 시민 사회 대표들이 참여하는 계엄감독위원회를 설치하고, 실시간 소통 채널을 구축하여 국민의 의견을 지속적으로 수렴해야 합니다. 셋째, 더욱 효과적인 단계별 대응 체계가 필요합니다. 현재의 경비계엄과 비상계엄 이분법을 넘어, 더욱 세분화된 단계별 대응 체계를 마련해야 합니다. 1단계(경계태세)는 예방적 조치 중심, 2단계(경비계엄)는 제한적 군사력 동원, 3단계(비상계엄)는 전면적 위기 대응입니다. 각 단계마다 명확한 발동 요건과 해제 기준을 두어 자의적 운영을 방지해야 합니다.

이러한 변화는 하루아침에 이루어질 수 없습니다. "위기 상황에서도 민주주의와 인권을 지킬 수 있는 새로운 계엄법"을 만들어 가는 것이 우리의 과제입니다. 2024년의 경험을 교훈삼아, 더욱 성숙한 민주주의 국가로 나아가기 위해 계엄법의 현대화는 반드시 필요한 과정일 것입니다.

독자 잘 알겠습니다. 감사합니다.

| 계엄법 요약 |

①개념

계엄법은 국가 비상사태 발생 시 국가의 질서 유지와 국민의 생명·재산 보호를 위해 군사력을 동원할 수 있도록 규정한 특별법입니다. 계엄이 선포되면 군 당국이 민간인에 대한 통제권을 행사할 수 있게 됩니다.

②역사

계엄법은 1949년 제정되었으며, 주요한 사례로는 1980년 계엄령 선포 시 발동된 '12·12 당시 계엄령'과 '5·17 당시 계엄령' 등이 있습니다. 그 이후로 민주화 과정에서 계엄법의 권한 남용 문제가 대두되어 계엄법이 크게 개정되었습니다.

③내용

현행 계엄법은 국가 비상사태 시 군사력을 동원할 수 있는 근거와 절차를 구체적으로 규정하고 있습니다. 계엄은 비상계엄과 경비계엄으로 구분되며, 대통령이 국무회의 심의를 거쳐 선포할 수 있습니다. 계엄이 선포되면 계엄사령관은 해당 지역의 행정·사법 사무를 관장하게 되며, 군사상 필요한 명령을 내릴 수 있는 포고권을 갖게 됩니다. 특히 비상계엄 시에는 영장 제도, 언론·출판·집회·결사의 자유 등 국민의 기본권이 제한될 수 있습니다. 다만 현행 계엄법은 과거와 달리 계엄권의 남용을 막기 위한 견제장치를 두고 있습니다. 국회는 재적의원 과반수의 찬성으로 계엄 해제를 요구할 수 있으며, 대통령은 이러한 요구가 있을 경우 반드시 계엄을 해제해야 합니다. 이는 과거

1980년 계엄령 당시의 쓰라린 경험을 바탕으로 민주적 통제장치를 강화한 것입니다.

④찬반 논란 및 핵심 쟁점

계엄법에 대해서는 국가 비상사태의 대응을 위한 필요성과 민주주의 침해 우려가 공존합니다. 찬성 측은 국가 위기 시 군사력 동원의 필요성을, 반대 측은 계엄령 남용으로 인한 기본권 침해의 가능성을 지적하고 있습니다. 핵심적인 쟁점은 계엄 선포 및 해제 권한, 계엄군의 통제권 범위, 인권 보장 등입니다.

⑤사례 및 판례

1980년 계엄령 시기 발생한 광주 민주화 운동은 계엄법 적용의 대표적 사례입니다. 헌법재판소는 계엄령 발령이 합법적이었다고 판단했지만, 계엄군의 과도한 진압행위는 위법하다고 판단했습니다. 이를 계기로 계엄법 개정이 이루어졌습니다.

⑥핵심 요약

계엄법은 국가 비상사태 발생 시 군사력 동원을 허용하는 특별법으로, 계엄 선포 및 해제 권한, 계엄군의 통제권 범위, 인권 보장 등을 둘러싸고 찬반 논란이 지속되고 있습니다. 역사적 사례와 법적 판단을 통해 계엄법의 필요성과 문제점이 모두 확인되고 있어, 입법 취지와 민주주의 가치의 균형을 모색해야 할 것으로 보입니다.

02
더 나은 의회 정치를 향한 도전 _국회 선진화법

우리나라 국회는 오랫동안 '동물국회' '싸움국회'라는 오명에 시달려왔습니다. 2004년 탄핵소추안 처리 과정의 몸싸움, 2009년 미디어법 처리 때의 망치와 최루액 사건 등은 국민들의 깊은 실망을 자아냈습니다. 민의의 전당이어야 할 국회가 폭력과 대립의 장소가 되어버린 것입니다. 이러한 불명예스러운 역사를 바꾸고자 2012년 여야 의원 195명이 뜻을 모아 '국회 선진화법'을 만들었습니다. 이 법은 물리적 충돌을 방지하고 대화와 타협의 정치문화를 만들기 위해 도입되었습니다. 국회의장의 직권상정 제한, 신속 처리 대상 안건(패스트트랙) 제도 도입 등 새로운 장치들을 마련했죠. 최근 2024년 비상계엄 사태에서 보았듯이, 국회의 역할은 그 어느 때보다 중요해졌습니다. 국가적 위기 상황에서 국회가 신속하고 효율적으로, 그러면서도 민주적 절차에 따라 의사결정을 할 수 있어야 하기 때문입니다. 국회 선진화법 도입 이후 물리적 충돌은 크게 줄었지만, "과도한 규제가 국회의 기능을 약화시킨다"는 우려의 목소리도 있습니다.

이 장에서는 국회 선진화법의 핵심 내용과 그 의의를 자세히 살펴보겠습니다. 더 나은 의회 정치를 향한 이 도전이 어떤 성과를 거두었는지, 그리고 앞으로 어떤 과제가 남아 있는지 함께 고민해 보도록 하겠습니다. 특히 최근의 헌정 위기 상황에서 드러난 국회법의 현실적 과제들도 함께 논의하겠습니다.

| 대규모 리모델링된 국회 선진화법 |

독자 국회법과 국회 선진화법은 어떻게 다른가요?

정 변호사 쉽게 설명해 드리자면, 국회법은 우리 국회가 어떻게 운영되어야 하는지를 정한 기본이 되는 법률이에요. 마치 학교의 학칙처럼 국회의 기본적인 운영 규칙을 담고 있다고 보시면 됩니다. 반면 국회 선진화법은 2012년에 국회법을 크게 개정한 것을 특별히 부르는 이름입니다. 당시 국회에서 발생하는 여러 문제들, 특히 폭력사태나 날치기 처리 같은 것들을 해결하기 위해 만들어졌어요. 공식 명칭이 따로 있는 것이 아니라, 언론과 국민들이 그 의미를 쉽게 이해할 수 있도록 붙인 별칭이라고 보시면 됩니다. 예전에는 국회의장이 마음대로 법안을 상정할 수 있었는데, 선진화법이 도입되면서 이제는 매우 예외적인 경우가 아니면 그렇게 할 수 없게 되었습니다. 또한 무력으로 의사진행을 방해하면 엄격한 제재를 받게 되었죠. 쉽게 말해 국회법이 큰 집이라면, 선진화법은 그 집을 더 살기 좋게 만들기 위해 진행한 대규모 리모델링이라고 생각하시면 됩니다. 결국 지금의 국회법 안에는 2012년의 선진화법 내용이 모두 포함되어 있어요. 특히 최근 비상계엄 상황에서 보았듯이, 이렇게 개정된 국회법은 국가의 중대한 위기 상황에서도 국회가 제 기능을 할 수 있게 하는 중요한 역할을 하고 있습니다.

독자 국회 선진화법이 만들어진 특별한 이유가 있나요? 왜 2012년에 이 법이 필요했던 건가요?

정 변호사 네, 이 법이 생기게 된 배경에는 우리 국회의 아픈 역사가 있습니다. 2000년대 초반까지만 해도 국회는 '동물국회' '싸움국회'라는 오명을 들을 정도로 물리적 충돌이 잦았어요. 특히 중요한 법안을 처리할 때마다 몸싸움이 벌어졌죠. 2004년에는 노무현 대통령 탄핵소추안을 처리하는 과정에서 여야 의원들이 격렬한 몸싸움을 벌였습니다. 2007년 한미 FTA 비준안을 처리할 때는 더 심각했는데, 야당 의원들이 본회의장 출입문을 용접기로 막아버리는 초유의 사태까지 벌어졌어요. 하지만 가장 충격적인 사건은 2009년 7월 미디어법 사태였습니다. 당시 여당이었던 한나라당은 장외 투쟁 중이던 야당을 제외한 채 법안 처리를 밀어붙이려 했죠. 여당 의원들이 망치를 들고 본회의장 문을 부수려 하자, 야당 의원들은 최루액을 뿌리며 맞섰습니다. 이 모습이 전국에 생중계되면서 국민들의 공분을 샀고, 외신들은 "한국 국회가 전쟁터가 됐다"며 우리나라의 국격을 떨어뜨리는 보도를 했습니다.

이런 불미스러운 일들이 반복되자 여야 모두에서 "이래서는 안 된다"는 목소리가 커졌습니다. 박희태 당시 국회의장은 "이제는 국회도 법치가 필요하다"며 제도 개선을 강력히 제안했고, 마침내 2012년 5월, 여야 합의하에 국회 선진화법을 만들었습니다.

무려 195명의 국회의원이 법안 발의에 참여할 정도로 변화에 대한 의지가 강했죠.

다행히도 이 법의 효과는 곧바로 나타났습니다. 국회사무처 통계를 보면, 2008년부터 2012년까지 4년 동안 12건이나 발생했던 심각한 수준의 몸싸움이 2012년 이후 4년 동안에는 2건으로 크게 줄었습니다. 물론 아직도 가야 할 길이 멀지만, 적어도 '주먹'이 아닌 '말'로 토론하는 국회로 한 걸음 더 나아간 것은 분명합니다. 최근 2024년 비상계엄 사태에서도 보았듯이, 이제 국회는 위기 상황에서도 법과 절차에 따라 차분히 대응할 수 있는 성숙한 모습을 보여주고 있습니다. 물론 투표 거부를 당론으로 정하여 집단적으로 퇴장하는 문제가 발생하기는 하였습니다만.

독자 보통 여야가 큰 제도 변화에 합의하기가 쉽지 않을 텐데, 어떻게 그때는 가능했던 걸까요?

정 변호사 2012년은 우리 정치사에서 매우 특별한 시기였습니다. 당시 여러 상황이 맞물리면서 여야 모두 변화의 필요성을 절실히 느끼게 되었거든요. 먼저 2012년은 총선과 대선이 같은 해에 있는 이른바 '선거의 해'였습니다. 4월 총선을 앞두고 각 당은 '국회 선진화'를 공약으로 내세웠는데, 이는 그만큼 국민들의 국회 개혁 요구가 컸다는 것을 보여줍니다. 실제로 당시 여론조사를 보면 국민 80퍼센트 이상이 국회 개혁이 필요하다고 답했죠. 또한

2011년 말 '날치기 원천 봉쇄'를 요구하며 당시 야당이었던 민주통합당 의원들이 본회의장을 점거한 사건이 있었습니다. 이 과정에서 여야 모두 물리적 충돌의 악순환을 끊어야 한다는 공감대가 형성되었어요. 특히 주목할 점은 박희태 당시 국회의장의 역할입니다. 그는 과거 여당 원내대표 시절 강경파로 분류됐던 인물인데, 오히려 그런 그가 "이제는 국회도 법치가 필요하다"며 적극적으로 나선 것이 설득력을 가졌습니다. 여기에 김형오 전 국회의장을 비롯한 중진 의원들도 힘을 보탰죠. 무엇보다 중요했던 것은 시민 사회의 압박이었습니다. 2009년 미디어법 사태 이후 각종 시민 단체들은 지속적으로 국회 개혁을 요구했고, 언론도 '폭력 국회 이제 그만'이라는 목소리를 높였습니다. 특히 젊은 층을 중심으로 SNS에서 국회 폭력 장면이 광범위하게 공유되면서 정치권은 더 이상 이를 외면할 수 없게 되었습니다. 결과적으로 195명이라는 전례 없이 많은 의원이 법안 발의에 참여했고, 여야 모두 '새로운 국회'를 만들겠다는 의지를 보여주었습니다. 물론 일부에서는 "현실성이 떨어진다"는 우려도 있었지만, 그만큼 변화가 절실했던 시기였다고 할 수 있습니다. 지금 돌아보면, 2012년은 우리 국회가 '폭력의 정치'에서 '대화의 정치'로 나아가는 중요한 전환점이 되었다고 평가할 수 있겠네요.

| 필리버스터, 세계신기록 192시간 달성 |

독자 국회 선진화법에 담긴 중요한 내용들을 알기 쉽게 설명해 주세요.

정 변호사 네, 국회 선진화법의 핵심 내용을 쉽게 설명해 드리겠습니다. 가장 먼저 주목할 만한 것은 '안건 신속 처리 제도', 일명 '패스트트랙' 제도입니다. 여야가 첨예하게 대립하는 법안이라도 일정 기간 안에 반드시 처리하도록 만든 제도인데요, 국회의원 과반수나 해당 상임위원회 위원 5분의 3 이상이 찬성하면, 최대 330일 이내에 반드시 본회의에서 표결을 하도록 정해 놓은 것입니다. 두 번째로 국회의장의 직권상정 제한이 있습니다. 예전에는 국회의장이 단독으로 판단해서 법안을 본회의에 올릴 수 있었는데, 이제는 국가 안보와 관련된 중대한 사안이나 자연재해 같은 긴급한 상황이 아니면 할 수 없게 됐어요. 쉽게 말해 여당이 힘으로 밀어붙이는 것을 막은 거죠.

또한 '무제한 토론 제도' 즉 필리버스터 제도가 도입됐습니다. 소수당 의원들이 계속 연설을 이어가면서 표결을 미룰 수 있게 한 건데요, 이걸 막으려면 국회의원 5분의 3 이상이 찬성해야 해요. 소수의 의견도 충분히 들어보자는 취지입니다. 폭력행위에 대한 제재도 대폭 강화됐습니다. 예전처럼 회의장을 막거나 점거하는 행위, 기물을 부수는 행위는 이제 최대 90일간 국회 출석을 못 하게 되고, 심하면 형사 처벌도 받을 수 있어요. 실제로 이후 국회에서 물리적 충돌은 눈에 띄게 줄었다고 합니다. 마지막으로 예산안 처리에 관한 확실한 시한도 정했습니다. 매년 12월 2일까지는 반드시 예산안을 처리하도록 했고, 만약 이 기한을 지키지 못하면 정부가 제출한 예산안이 자동으로 본회의에 올라가게 됩니다. 연말마다 반복되던 예산안 처리 지연 문제를 해결하기 위해서죠.

이런 제도들은 모두 '대화하고 타협하는 국회'를 만들기 위한 것들입니다. 물론 "너무 까다로워서 국회가 일을 제대로 못 한다"는 비판도 있어요. 실제로 법안 처리에 걸리는 시간이 예전보다 늘어난 것은 사실입니다. 하지만 졸속 처리를 막고 충분한 논의를 거치게 된 것은 민주주의 발전을 위해 긍정적인 변화라고 할 수 있겠죠. 특히 최근 비상계엄 상황에서도 이런 절차들이 민주주의를 지키는 중요한 역할을 했다는 점을 기억할 필요가 있습니다.

독자 패스트트랙이라는 말을 자주 듣는데, 실제로는 어떻게 진행되는지 궁금해요.

정 변호사 패스트트랙은 말 그대로 '신속 처리'를 위한 제도인데, 아이러니하게도 실제로는 꽤 긴 시간이 걸리는 절차랍니다. 하나하나 단계별로 설명해 드릴게요. 먼저 어떤 법안을 패스트트랙으로 지정하려면, 국회의원 과반수나 해당 상임위원회 위원 5분의 3 이상의 동의가 필요합니다. 이렇게 지정된 법안은 정해진 일정에 따라 반드시 처리해야 해요. 예를 들어 선거법 개정안이 패스트트랙으로 지정됐다고 해볼까요? 먼저 상임위원회에서 최대 180일 동안 심사를 합니다. 만약 이 기간 안에 심사를 마치지 못하면 자동으로 법제사법위원회로 넘어가요. 법사위에서는 90일 동안 검토할 수 있습니다. 그리고 마지막으로 본회의에 회부된 뒤 60일 이내에 반드시 표결을 해야 합니다. 전체 과정을 다 합치면 최대 330일, 즉 약 11개월이 걸리는 거죠. 2019년 말의 선거법 개정안이 대표적인 패스트트랙 사례입니다. 당시 여야가 첨예하게 대립했지만, 이 제도 덕분에 결국 처리될 수 있었어요. 물론 그 과정에서 격렬한 논쟁이 있었고, 국회 앞에서 대규모 집회도 열렸죠. 패스트트랙의 가장 큰 장점은 중요한 법안이 무한정 미뤄지는 것을 막을 수 있다는 점입니다. 반면 "11개월이나 걸리는데 무슨 '신속' 처리냐"는 비판도 있어요. 하지만 이는 충분한 논의 시간을 보장하면서도 반드시 결론은 내자는 취지로 이해하면 좋을 것 같습니다.

독자 필리버스터라고 하면 의원들이 계속 연설하는 것 같던데, 정확히 어떤 제도인가요?

정 변호사 필리버스터는 '무제한 토론 제도'라고도 하는데요, 소수당이 법안 처리를 막기 위해 계속해서 연설을 이어가는 제도입니다.

미국 드라마에서 본 적 있으실 것 같은데, 우리나라는 2012년 국회 선진화법을 통해 처음 도입했어요. 가장 극적인 사례는 2016년 2월의 테러방지법 처리 과정이었습니다. 당시 야당 의원들이 무려 192시간 동안 연속으로 연설을 이어갔는데, 이는 세계기록을 경신한 것이었죠. 의원들은 성경, 헌법, 심지어 전화번호부까지 읽어가며 시간을 끌었다고 해요. 필리버스터가 시작되면 해당 법안의 표결은 중단됩니다. 이를 끝내려면 재적의원 5분의 3 이상이 찬성해야 해요. 즉, 다수당이라도 압도적 다수가 아니면 단독으로 법안을 처리할 수 없게 되는 거죠. 재미있는 점은 필리버스터 중에는 의원이 화장실에도 갈 수 없다는 겁니다. 그래서 기저귀를 착용하고 연설에 나선 의원도 있었다고 해요. 또 물은 마실 수 있지만 음식은 먹을 수 없고, 연설 도중 자리에 앉을 수도 없답니다. 이 제도의 진정한 가치는 '시간을 버는 것'에 있습니다. 충분한 시간을 벌어 여론의 관심을 모으고, 더 많은 토론을 이끌어내는 거죠. 실제로 2019년 선거법 개정 때는 필리버스터 과정에서 여야가 다시 협상 테이블에 앉게 되었답니다. 다만 "국회 효율성을 떨어뜨린다"는 비판도 있어요. 하지만 민주주의는 효율성만이 아니라 소수의 목소리도 존중해야 한다는 점을 생각하면, 필리버스터는 그 나름의 중요한 의미가 있다고 하겠습니다.

| 당론이냐, 소신이냐 그것이 문제로다 |

독자 국회의장이 마음대로 법안을 처리하지 못하게 했다고 하는데, 이게 왜 중요한가요?

정 변호사 직권상정 제한의 의미를 이해하기 위해서는 과거를 먼저 살펴볼 필요가 있어요. 예전에는 국회의장이 자신의 판단만으로 법안을 본회의에 올릴 수 있었습니다. 여당이 원하는 법안을 강행 처리하는 수단으로 자주 악용됐죠. 대표적인 사례가 2009년 미디어법 사태입니다. 당시 여당은 야당의 반대에도 불구하고 국회의장의 직권상정을 통해 법안을 처리했어요. 이 과정에서 물리적 충돌이 발생했고, 결국 국회 선진화법 제정의 계기가 되었습니다.

현재는 직권상정이 매우 제한적인 경우에만 가능합니다. "국가의 안위에 관련된 중대한 사안"이나 "천재지변 등 긴급한 상황"처럼 정말 예외적인 상황에서만 허용되죠. 최근의 비상계엄 상황이 바로 그런 경우였습니다. 이러한 제한은 '다수결의 민주주의'가 '협의의 민주주의'로 발전하는 중요한 계기가 되었어요. 단순히 숫자가 많다고 해서 마음대로 할 수 없게 된 거죠. 여야가 충분히 논의하고 합의해야만 법안이 통과될 수 있게 된 것입니다. 특히 이 제도는 소수당의 권리를 보호하는 중요한 장치가 되었습니다. 다수당이 일방적으로 법안을 밀어붙이기 어려워졌기 때문에, 자연스럽게 소수당과의 협상과 타협이 늘어났죠. 이는 건강한 민주주의를 위해 매우 중요한 변화라고 할 수 있습니다.

독자 법이 바뀐 후 실제로 국회가 달라졌나요? 긍정적인 변화와 부정적인 변화가 궁금해요.

정 변호사 2012년 이후 우리 국회는 많은 변화를 겪었습니다. 가장 눈에 띄는 변화는 물리적 충돌이 크게 줄었다는 점이에요. 국회 사무처 자료를 보면, 심각한 몸싸움이 연평균 3건에서 0.5건으로 감소했답니다. 또한 여야 협상 문화도 달라졌어요. 과거에는 '다수당이 일방적으로 이기는 게임'이었다면, 이제는 '합의를 찾아가는 과정'으로 변화했습니다. 예를 들어 2020년 코로나19 대응 과정에서 여야가 추경안을 함께 논의하고 합의한 것이 좋은 사례죠. 예산안 처리도 많이 달라졌습니다. 법정 시한인 12월 2일을 지키는 비율이 높아졌고, 새해 예산이 제때 집행되지 못하는 문제도 줄었어요. 이는 국가 재정 운영의 안정성 측면에서 큰 진전이라고 할 수 있습니다.

하지만 아쉬운 점도 있습니다. 법안 처리 속도가 전반적으로 늦어진 것이 대표적이에요. 국회 입법조사처에 따르면, 법안 처리에 걸리는 평균 시간이 80일 정도 늘어났습니다. 특히 시급한 민생 법안이 지연되는 경우도 있어 문제로 지적되고 있죠. 또한 여야가 첨예하게 대립하는 사안에서는 여전히 '대화 없는 대치'가

이어지기도 합니다. 패스트트랙이나 필리버스터가 정치적 수단으로 남용되는 경우도 있고요. 그럼에도 전체적으로 보면 긍정적인 변화가 더 크다고 평가됩니다. '폭력의 정치'에서 '대화의 정치'로 한 걸음 나아간 것은 분명하니까요. 앞으로의 과제는 이런 제도들이 본래의 취지대로 잘 운영되도록 하는 것, 그리고 효율성과 민주성의 균형을 찾아가는 것이라고 하겠습니다.

독자 국회 선진화법에 대해 찬성하는 사람들과 반대하는 사람들의 주장이 각각 무엇인지 궁금해요.

정 변호사 국회 선진화법은 도입된 지 10년이 넘었지만, 아직도 뜨거운 논쟁이 이어지고 있습니다. 이 법을 바라보는 시각이 왜 이렇게 다른지 자세히 살펴볼까요?

먼저 이 법을 지지하는 사람들은 '폭력 국회'가 '대화하는 국회'로 바뀌었다는 점을 가장 큰 성과로 꼽습니다. 실제로 2012년 이전에는 국회에서 몸싸움이 벌어지는 게 흔한 일이었는데, 지금은 그런 모습을 보기 힘들어졌어요. 또한 소수당의 목소리도 제도적으로 보장받게 되었죠. 필리버스터라는 합법적인 수단으로 자신들의 의견을 표현할 수 있게 된 겁니다. 게다가 여당이 일방적으로 법안을 밀어붙이기가 어려워졌다는 점도 긍정적으로 평가됩니다. 과거에는 국회의장이 직권상정을 통해 야당의 반대를 무시하고 법안을 처리하는 경우가 많았지만, 이제는 여야가 협의하지 않고는 법안 처리가 쉽지 않아졌거든요.

반면 이 법을 비판하는 사람들은 국회가 너무 비효율적으로 변했다고 지적합니다. "급한 불을 끄러 가는데 소방차가 신호등을 지키느라 늦게 가는 것과 같다"는 비유가 자주 등장하죠. 실제로 간단한 법안 하나를 처리하는 데도 몇 달씩 걸리는 경우가 많아졌고, 특히 경제 위기나 재난 상황처럼 신속한 대응이 필요할 때 문제가 된다고 합니다. 또 다른 비판으로는 겉으로만 달라졌을 뿐 실제 정치 문화는 크게 변하지 않았다는 지적도 있어요. 과거에는 물리적 충돌이 있었다면, 이제는 패스트트랙이나 필리버스터 같은 제도를 정치적 무기로 사용하면서 또 다른 형태의 대립이 생겼다는 거죠.

결국 이 모든 논쟁은 '효율성'과 '민주성' 사이의 균형 문제로 귀결됩니다. 신속한 의사결정이 필요한 상황도 있지만, 충분한 토론과 합의도 중요하니까요. 최근에는 이런 점을 고려해서 일부 제도를 개선해야 한다는 목소리도 나오고 있습니다. 제 생각에는 결국 가장 중요한 것은 정치인들의 태도가 아닐까 싶어요. 아무리 좋은 제도라도 그것을 운영하는 사람들이 타협하고 소통하려는 의지가 없다면 무용지물이 되겠죠. 제도의 개선도 필요하지만, 그에 걸맞은 정치 문화의 성숙도 함께 이뤄져야 할 것 같습니다.

독자 국회의원이 헌법상 독립적인 의사표시를 할 권리가 있다고

하는데, 정당이 당론이라는 이름으로 투표 방향을 정하고 이를 따르도록 하는 것이 옳은 건가요?

정 변호사 이 문제는 우리 의회 정치의 가장 큰 딜레마 중 하나입니다. 헌법은 국회의원에게 자유위임 원칙에 따른 독립적 의사 결정권을 보장하고 있습니다. 쉽게 말해 국회의원은 자신의 양심과 판단에 따라 자유롭게 의견을 내고 투표할 수 있어야 한다는 것이죠. 하지만 현실에서는 정당이 당론을 정해 소속 의원들에게 이를 따르도록 요구하는 경우가 많습니다. 특히 중요한 법안이나 인사 안건을 처리할 때 이런 일이 자주 발생합니다. 당론을 어기면 공천에서 불이익을 받을 수 있다는 부담도 있어서, 많은 의원들이 자신의 소신과 다르더라도 당론에 따르는 경우가 있죠. 2024년 비상계엄 사태 때도 이런 문제가 있었습니다. 일부 여당 의원들이 계엄 철회에 찬성하고 싶었지만, 당론에 묶여 투표에 불참했던 일이 있었죠. 이는 국가적 위기 상황에서 국회의원이 본연의 역할을 하지 못한 안타까운 사례였습니다.

그렇다면 당론 준수 요구는 완전히 잘못된 것일까요? 꼭 그렇지만은 않습니다. 현대 정치에서 정당은 비슷한 정치적 신념을 가진 사람들이 모여 일관된 정책을 추진하는 중요한 조직입니다. 유권자들도 개별 후보자보다는 정당의 정책과 방향을 보고 투표하는 경우가 많죠. 하지만 당론이라는 이름으로 의원들의 양심과 판단을 완전히 무시하는 것은 문제가 있습니다. 특히 국가의 존립이나 기본권과 관련된 중대한 사안에서는 더욱 그렇습니다. 이런 경우에는 의원 개인의 판단이 당론보다 우선되어야 합니다.

바람직한 방향은 이렇습니다. 일상적인 정책이나 법안에 대해서는 당의 기본 정책 방향과 조화를 이루되, 헌법적 가치나 국가적 위기 상황과 관련된 사안에서는 의원 개인의 양심에 따른 판단을 존중해야 합니다. 또한 당론을 정할 때도 소속 의원들의 다양한 의견을 충분히 수렴하는 민주적인 과정이 필요합니다. 결론적으로, 당론과 개별 의원의 양심 사이에서 적절한 균형점을 찾아야 합니다. 정당 정치의 안정성도 중요하지만, 그것이 헌법이 보장하는 국회의원의 자유로운 의사 표현권을 침해해서는 안 됩니다. 이는 단순히 법적인 문제가 아니라, 우리 민주주의의 질적 성장을 위해 꼭 필요한 과제라고 할 수 있습니다.

| 비상계엄 속 국회 선진화법 |

독자 최근 비상계엄 사태에서 국회법이 어떤 역할을 했나요?

정 변호사 2024년 12월 3일의 비상계엄 사태는 국회법, 특히 국회 선진화법이 민주주의의 최후 보루로 작동했다는 것을 보여준 역사적 사례입니다. 당시 상황을 자세히 살펴보면서 설명해 드리겠습니다. 그날 밤 10시 23분, 대통령이 전국 단위 비상계엄을 선포하고 계엄군이 국회의사당과 야당 당사를 점거하려 했습니다. 특히 계엄사령부는 포고령을 통해 국회활동 금지와 언론 통제, 영장 없는 체포 등을 시도했죠. 하지만 국회는 신속하게 대응할 수 있었습니다. 국회법상 '국가의 안위에 관한 중대한 사태'에 해당하는 경우 국회의장이 직권상정을 할 수 있다는 조항이 있었기 때문입니다. 이를 근거로 불과 2시간 만인 12월 4일 새벽 1시 1분, 비상계엄 해제 요구 결의안을 처리할 수 있었죠.

또한 국회 선진화법의 '국회 경위 제도'도 중요한 역할을 했습니다. 계엄군의 국회 진입을 저지하는 과정에서 국회 경위들이 합법적으로 대응할 수 있는 근거가 되었기 때문입니다. 더불어 이 사태는 곧바로 대통령 탄핵으로 이어졌는데, 여기서도 국회법이 중요한 근거가 되었습니다. 탄핵소추안 발의와 처리 과정에서 요구되는 의결정족수나 처리 기한 등이 모두 국회법에 명확히 규정되어 있었기 때문에, 12월 14일 탄핵소추안이 통과될 수 있었죠.

이번 사태는 평소에는 다소 번거롭게 여겨졌던 국회법의 각종 절차들이, 위기 상황에서는 오히려 민주주의를 지키는 중요한 방패가 될 수 있다는 것을 보여줬습니다. 특히 국회 선진화법이 도입된 이후 처음 맞은 큰 위기였는데, 이 법이 제 역할을 훌륭히 해냈다는 평가를 받고 있습니다. 결과적으로 우리나라 헌정 사상 최초로 현직 대통령이 내란죄 혐의로 수사를 받고 탄핵되는 초유의 사태까지 이어졌지만, 이 모든 과정이 법적 절차에 따라 진행될 수 있었던 것은 국회법이 있었기 때문입니다.

독자 우리나라 국회 선진화법이 다른 나라와 비교했을 때 어떤 특징이 있는지 궁금해요.

정 변호사 각 나라의 의회 운영 규칙은 그 나라의 정치 문화와 역사적 경험을 반영하고 있어 매우 흥미롭습니다. 주요 민주주의 국가들과 우리나라를 비교해 보면서 설명해 드리겠습니다.

먼저 미국의 경우, 필리버스터 제도가 가장 잘 알려져 있습니다. 하지만 우리와 달리 상원에서만 허용되며, 60명의 찬성으로 토론 종결이 가능합니다. 특히 미국은 의사진행 방해에 대한 제재가 매우 엄격한데, 이는 오랜 민주주의 전통에서 비롯된 것이죠. 영국은 '신사협정'으로 불리는 독특한 전통이 있습니다. 성문화된 규정보다는 오랜 관행과 상호 존중을 통해 의회가 운영됩니다. 하원의장의 권한이 매우 강력하지만, 이는 정파를 초월한 중립성이 전제되어 있기 때문에 가능한 것입니다. 독일의 경우는 '건설적 불신임' 제도가 특징적입니다. 현 정부를 불신임할 때는 반드시 새로운 수상 후보를 제시해야 하는데, 이는 정치적 혼란을 최소화하기 위한 장치입니다. 이런 제도는 바이마르 공화국의 실패 경험에서 비롯된 것이죠. 일본은 우리와 비슷한 의회 제도를 가지고 있지만, '55년 체제'로 불리는 장기 여당 지배 구조로 인해 실제 운영은 매우 다릅니다. 다만 최근에는 야당의 권한을 강화하는 방향으로 변화하고 있습니다.

이런 비교를 통해 볼 때, 우리나라 국회 선진화법의 특징은 크게 세 가지로 정리할 수 있습니다. 첫째, 매우 구체적이고 성문화된 규정을 가지고 있다는 점입니다. 영국처럼 관행에 맡기지 않고, 세세한 부분까지 법제화했죠. 이는 2024년 12월의 비상계엄 사태에서처럼 위기 상황에서 명확한 행동 기준이 될 수 있었습니다. 둘째, 소수당의 권한이 상대적으로 강하게 보장되어 있습니다. 특히 필리버스터나 패스트트랙 제도는 소수당의 의견을 실질적으로 반영할 수 있는 수단이 되고 있죠. 셋째, 물리적 충돌 방지에 특별히 초점을 맞추고 있습니다. 이는 과거 우리 국회의 불행한 경험을 반영한 것으로, 다른 나라에서는 찾아보기 힘든 특징입니다. 이러한 우리나라만의 특징들은 때로는 비효율적으로 보일 수 있지만, 최근의 비상계엄 사태에서 보았듯이 위기 상황에서 민주주의를 지키는 중요한 제도적 장치가 될 수 있습니다. 결론적으로, 우리의 국회 선진화법은 다른 나라의 장점들을 참고하면서도, 우리나라의 특수한 정치 현실과 역사적 경험을 반영해 만들어진 독특한 제도라고 할 수 있습니다. 앞으로도 계속해서 발전시켜 나가야 할 것입니다.

| 국회 선진화법의 미래지도 |

독자 원격회의 등 새로운 상황에 대한 제도 보완이 필요하지 않을까요?

정 변호사 네, 그렇습니다. 최근의 비상계엄 사태는 우리 국회 운영의 취약점을 여실히 보여줬습니다. 당시 계엄군이 국회의사당을 물리적으로 봉쇄하려 했던 상황을 돌이켜보면, 비상시에도 의회가 제 기능을 할 수 있도록 하는 제도 보완이 시급해 보입니다. 가장 먼저 검토해야 할 것은 '비상 원격회의 제도'입니다. 현재 국회법은 의원들이 한 장소에 모여서 회의를 해야 한다고 정하고 있어요. 하지만 이번처럼 국회의사당에 들어갈 수 없는 상황이 되면 국회가 아예 열리지 못할 수 있습니다. 해외 사례를 보면 이미 여러 나라들이 이런 상황에 대비하고 있습니다. 영국은 코로나19를 겪으며 대면 회의와 온라인 회의를 함께 할 수 있는 시스템을 만들었고, 독일은 국회의사당을 사용할 수 없을 때를 대비해 다른 회의 장소들을 미리 정해 뒀습니다. 프랑스도 여러 곳에서 동시에 회의할 수 있는 체계를 갖추고 있습니다.

우리나라도 이제는 변화가 필요한 때입니다. 무엇보다 안전한 온라인 회의 시스템이 필요합니다. 해킹을 막을 수 있어야 하고, 실제로 그 의원이 맞는지 확인할 수 있어야 하며, 투표할 때도 믿을 수 있어야 합니다. 또한 여러 비상 회의 장소도 미리 준비해야 합니다. 각 장소마다 독립적으로 전기와 통신을 쓸 수 있어야 하고, 보안도 철저히 갖춰야 하죠. 회의를 할 때 필요한 최소 인원수나 의결할 때 필요한 찬성 인원수도 비상시에는 달리 적용할 수 있게 해야 합니다. 일부 의원들이 불가피하게 참석하지 못할 수 있기 때문이죠. 무엇보다 이 모든 것들이 법적으로 문제가 없도록 국회법도 개정해야 합니다. 특히 계엄 상황에서도 국회가 제 역할을 할 수 있도록 하는 법적 근거가 꼭 필요합니다. 다만 이런 변화를 도입할 때는 신중해야 합니다. 편하다고 온라인 회의만 하게 되면 깊이 있는 토론이 줄어들 수 있고, 해킹 같은 새로운 위험도 생길 수 있기 때문입니다. 그래서 이런 제도는 꼭 필요한 비상시에만 쓸 수 있도록 해야 합니다.

독자 앞으로 국회법이 어떤 방향으로 발전해야 할까요?

정 변호사 가장 시급한 것은 디지털 시대에 맞는 국회 운영 체계를 만드는 일입니다. 지난 비상계엄 때 만약 국회의사당이 봉쇄되었다면 국회 기능이 마비될 뻔했죠. 이런 위기 상황에 대비해 안전한 원격회의 시스템이 필요합니다. 또한 국민들이 스마트폰으로도 실시간 국회 방송을 보고, 청원도 쉽게 할 수 있도록 해야 합니다. 두 번째는 '일하는 국회'를 만들어야 합니다. 지금은 법안이 처리되는 시기가 불규칙하고, 연말에 예산을 급하게 심사하는 일이 많죠. 앞으로는 정기적으로 법안을 처리하고, 충분한 시간을 두고 예산을 꼼꼼히 살펴볼 수 있도록 제도를 바꿔야 합니다. 예를 들어 매달 마지막 주는 반드시 본회의를 열어 법안을 처리하도록 하는 식이죠. 세 번째는 국민 참여를 더욱 늘려야 합니다. 지금도 국민청원 제도가 있지만, 좀 더 적극적으로 국민의 의견을 받아들일 수 있어야 합니다. 특히 중요한 법안을 만들 때는 반드시 시민들의 의견을 듣는 공청회를 열도록 하는 게 좋겠습니다. 마지막으로 국회의원들의 윤리 기준을 더욱 강화해야 합니다. 특히 이해충돌 방지법을 더욱 구체화할 필요가 있습니다. 예를 들어 국회의원이 자신의 이익과 관련된 법안을 다룰 때는 반드시 그 사실을 미리 밝히고, 필요하다면 표결에서 빠지도록 하는 거죠.

이런 변화들은 단순히 법을 바꾸는 것으로 끝나지 않습니다. 국회의원들의 인식도 바뀌어야 하고, 국민들도 더 많은 관심을 가져야 합니다. 특히 2024년 비상계엄 사태에서 보았듯이, 위기 상황에서도 멈추지 않는 강한 국회를 만들려면 평소부터 튼튼한 제도적 기반을 다져놓아야 합니다. 우리 국회가 진정한 '국민의 대표기관'으로 거듭나기 위해서는 이런 변화들이 꼭 필요합니다. 물론 하루아침에 다 바꿀 순 없겠지만, 한 걸음씩 꾸준히 나아간다면 반드시 더 나은 국회가 될 수 있을 것입니다.

독자 국회가 제대로 일하게 하려면 국민들은 어떤 역할을 해야 할까요?

정 변호사 2024년 12월의 비상계엄 사태는 민주주의를 지키는 데 국민의 관심과 참여가 얼마나 중요한지 잘 보여줬습니다. 당시 시민들의 적극적인 관심과 지지가 없었다면, 국회가 제 역할을 하기 어려웠을 것입니다. 먼저 국민들이 일상적으로 할 수 있는 가장 기본적인 일은 국회활동을 지켜보는 것입니다. 요즘은 국회 방송이나 국회 홈페이지를 통해 실시간으로 회의 진행 상황을 볼 수 있고, 법안 처리 현황도 쉽게 확인할 수 있습니다. 특히 자신의 지역구 의원이 어떤 활동을 하는지 관심을 갖는 것이 중요합니다. 두 번째로 중요한 것은 적극적인 의견 개진입니다. 국민청원 제도를 활용하거나, 공청회에 참여하는 것도 좋은 방법입니다. 최근에는 SNS를 통해 의원들과 직접 소통하는 것도 가능해졌죠. 자신의 의견을 표현하되, 예의 바르고 합리적인 방식으로 하는 것이 효과적입니다. 세 번째로는 선거에서 현명한 판단을 하는 것입니다. 의원들의 의정활동 기록을 살펴보고, 공약이 실현 가능한지 꼼꼼히 따져보아야 합니다. 단순히 정당이나 이미지로 판단하지 말고, 실제 업무 능력과 윤리의식을 기준으로 삼아야 하죠.

또한 국회가 다루는 중요한 정책들에 대해 공부하고 토론하는 자세도 필요합니다. 예를 들어 예산안이 심사될 때는 우리 지역에 어떤 영향을 미칠지, 세금이 적절하게 쓰이는지 관심을 가져야 합니다. 복잡한 내용이라도 조금씩 이해하려 노력하면, 점차 판단력이 생기게 됩니다. 특히 2024년의 경험을 통해 우리는 민주주의가 얼마나 소중한지, 그리고 그것을 지키기 위해 평소에 얼마나 관심을 가져야 하는지 깨달았습니다. 당시 SNS를 통해 빠르게 퍼진 시민들의 관심과 지지는 국회가 제 역할을 할 수 있게 한 큰 힘이었습니다. 물론 바쁜 일상 속에서 국회활동을 일일이 챙기기는 어려울 수 있습니다. 하지만 적어도 중요한 사안이 있을 때는 관심을 갖고, 자신의 목소리를 내는 것이 필요합니다. 민주주의는 국민 모두가 주인의식을 가지고 참여할 때 제대로 작동하기 때문입니다. 결국 더 나은 국회를 만드는 것은 국회의원만의 몫이 아닙니다. 국민 한 사람 한 사람의 관심과 참여가 모여 우리 민주주의를 더욱 단단하게 만들 수 있습니다. 2024년의 교훈을 되새기며, 우리 모두가 민주주의의 든든한 수호자가 되어야 할 것입니다.

독자 잘 알겠습니다. 국회 선진화법의 의의를 정리해 주신다면요?

정 변호사 국회 선진화법은 마치 민주주의의 교통신호와 같습니다. 때로는 우리의 발걸음을 잠시 멈추게 하지만, 그것은 더 안전하고 질서 있는 진행을 위해서입니다. 물리적 충돌이 사라진 국회, 소수의 목소리도 존중받는 정치 문화, 그리고 대화와 타협을 통한 합의 도출. 이것이 국회 선진화법이 우리에게 가져다준 긍정적인 변화입니다. 하지만 동시에 위기 상황에서의 신속한 대응, 효율적인 의사진행이라는 과제도 안겨주었습니다. 앞으로 국회 선진화법은 '민주성'과 '효율성'이라는 두 바퀴의 균형을 맞추며 발전해 나가야 합니다. 평화로운 시기에는 충분한 논의와 합의를, 위기의 시기에는 신속하고 결단력 있는 대응을 가능케 하는 유연한 제도로 거듭나야 할 것입니다. 이는 단순히 법조문의 개정만으로 이룰 수 있는 일이 아닙니다. 정치인들의 성숙한 자세, 국민들의 지속적인 관심과 참여가 함께 어우러질 때, 비로소 우리는 진정한 의미의 '선진화된 국회'를 만들어갈 수 있을 것입니다.

| 국회 선진화법 요약 |

①개념

국회법은 입법부의 조직과 활동에 관한 기본법으로서, 국회의 구성·운영·의사 절차 등을 규정한 법률입니다. 특히 2012년 개정된 '국회 선진화법'은 폭력 국회를 방지하고 효율적인 의사진행을 위해 도입된 특별법적 성격을 가집니다.

②역사

1948년 제헌국회에서 최초로 제정된 국회법은 민주주의 발전과 함께 진화해왔습니다. 주요 변천사를 보면, 1985년 국회 운영의 효율성 강화, 2012년 국회 선진화법 도입으로 획기적 전환점을 맞았고, 2020년에는 원격회의 도입 등 현대화를 이루었습니다. 특히 2024년 12월의 비상계엄 사태는 국회의 견제 기능이 얼마나 중요한지를 보여준 역사적 사례가 되었습니다.

③내용

국회법(국회 선진화법)의 핵심 내용은 크게 다섯 가지로 나눌 수 있습니다. 먼저 신속 처리 대상 안건 지정 제도(패스트트랙)를 통해 주요 법안의 신속한 처리가 가능해졌습니다. 또한 무제한 토론 제도(필리버스터)를 도입하여 소수당의 의견 개진 기회를 보장하면서도, 일정 시간이 지나면 토론을 종결할 수 있도록 했습니다. 의사진행 방해행위에 대한 제재도 강화되어 국회 운영의 질서를 확보할 수 있게 되었습니다. 법안 심사 기한을 지정하여 법안 처리가 지연되는 것을 방지하고, 국회 내 폭력행위에 대한 처벌을 강화하여 이른

바 '동물국회'의 이미지를 벗어나고자 했습니다. 특히 최근 비상계엄 해제 결의 과정에서 보았듯이, 비상시 국회 소집과 의결 절차에 관한 규정은 민주주의 수호를 위한 중요한 안전장치로 작용하고 있습니다.

④찬반 논란 및 핵심 쟁점

국회법을 둘러싼 논쟁은 크게 네 가지 측면에서 이루어지고 있습니다. 첫째, 다수당의 독주를 어떻게 견제하면서 동시에 효율적인 국회 운영을 이룰 것인가의 문제입니다. 둘째, 소수당의 권리를 충분히 보장하면서도 법안 처리의 신속성을 확보하는 방안에 대한 고민입니다. 셋째, 비상사태 시 국회가 어디까지 권한을 행사할 수 있는지에 대한 논의가 특히 최근 활발히 이루어지고 있습니다. 넷째, 코로나19 이후 도입된 원격회의의 허용 범위와 한계에 대한 논의도 계속되고 있습니다. 이러한 쟁점들은 우리 민주주의의 발전 방향과 직결되는 중요한 과제들입니다.

⑤사례 및 판례

국회법과 관련된 주목할 만한 사례들이 있습니다. 2016년에는 테러방지법 반대 과정에서 192시간에 걸친 필리버스터가 진행되어 최장시간 기록을 세웠습니다. 이는 소수당의 의견 개진 권리가 실질적으로 보장된 대표적 사례로 평가받고 있습니다. 2019년에는 패스트트랙 제도의 합헌성이 다퉈졌는데, 헌법재판소는 이를 합헌으로 판단하여 제도의 정당성을 인정했습니다. 가장 최근에는 2024년 비상계엄 해제 결의와 대통령 탄핵소추 의결이 이루어졌는

데, 이는 국가 위기 상황에서 국회법이 얼마나 중요한 역할을 할 수 있는지를
보여준 역사적인 사례가 되었습니다.

⑥핵심 요약

국회법은 민주주의의 심장부라 할 수 있는 국회의 운영규범입니다. 특히 선
진화법 도입 이후 물리적 충돌은 줄어들었으나, 여전히 효율성과 민주성의
균형이 과제로 남아 있습니다. 최근 비상계엄 사태에서 보듯이, 국회법은 단
순한 절차법이 아닌 민주주의를 수호하는 최후의 보루로서 그 중요성이 더욱
커지고 있습니다.

03
권력 감시의 새로운 균형추를 세우다 _공수처법

2024년 12월, 대한민국은 헌정 사상 유례없는 비상계엄 선포와 해제, 그리고 대통령 탄핵소추라는 중대한 정치적 위기를 겪었습니다. 특히 대통령의 내란 죄 혐의에 대한 수사권 관할을 두고 검찰, 경찰, 공수처 간의 첨예한 각축이 벌어지면서, 고위공직자범죄수사처(이하 '공수처')의 역할과 권한에 대한 논 의가 새롭게 주목받고 있습니다. 2020년 1월 제정된 '고위공직자범죄수사처 설치 및 운영에 관한 법률'(이하 '공수처법')은 권력형 비리 수사의 새로운 전 기를 마련했습니다. 그러나 현재의 헌정 위기는 공수처의 위상과 권한, 그리 고 타 수사기관과의 관계 설정에 대해 우리 사회가 다시 한 번 깊이 고민해야 할 시점에 이르렀음을 보여줍니다. 특히 공수처는 기존 수사기관과는 다른 특별한 위상을 가집니다. 대통령, 국회의원, 고위공무원, 판사, 검사 등 권력 의 정점에 있는 인물들의 비리를 수사할 수 있는 권한을 가진 독립된 수사기 관으로 설계되었기 때문입니다. 현재의 상황은 이러한 공수처의 존재 의의를 재차 확인하는 계기가 되고 있습니다.

| 권력 감시의 바로미터기 공수처법 |

독자 공수처라는 게 무슨 말인가요?

정 변호사 '고위공직자범죄수사처'의 줄임말입니다. 조금 어려운 이름이죠? 쉽게 설명해 드릴게요. 우리나라에는 범죄를 수사하는 검찰과 경찰이 있지만, 권력을 가진 사람들의 비리를 수사하는 것은 쉽지 않았어요. 그래서 대통령이나 국회의원, 고위공무원, 판사, 검사와 같이 높은 자리에 있는 분들의 부패를 전문적으로 수사하는 특별한 기관을 만들었는데, 그게 바로 공수처입니다. 예를 들어 검사가 잘못을 했다면 누가 수사를 해야 할까요? 같은 검찰 내부에서 수사하기는 어려울 수 있겠죠? 이런 경우에 공수처가 독립적으로 수사를 할 수 있습니다. 특히 2024년 12월에 있었던 대통령의 비상계엄 선포 사태와 같은 중대한 사건도 공수처의 수사 대상이 되는가에 대해 다툼은 있으나, 이 사건과 관련하여 대통령에 대한 체포영장 집행 등 중요한 역할을 수행했습니다. 쉽게 말씀드리면, 공수처는 '권력형 비리 전담 수사기관'이라고 생각하시면 됩니다. 검찰, 경찰과 함께 대한민국의 3대 수사기관 중 하나로서 중요한 역할을 하고 있죠.

독자 언제부터 생긴 건가요?

정 변호사 공수처는 2020년 1월에 법이 만들어지고, 2021년 1월부터 실제로 활동을 시작했어요. 하지만 이러한 기관을 만들자는 이야기는 훨씬 오래전부터 있었답니다. 처음에는 1996년 김영삼 정부 때 논의가 시작됐고, 2003년 노무현 정부에서 본격적으로 추진되었어요. 이후 여러 정부를 거치면서 계속 논의되다가, 마침내 17년이라는 긴 시간이 지나서야 실현되었죠. 아시아에서는 처음 만들어진 고위공직자 전담 수사기구라는 점에서 의미가 큽니다.

독자 공수처는 왜 필요했던 걸까요? 이전에는 어떻게 수사를 했나요?

정 변호사 예전에는 모든 권력형 비리를 검찰이 수사했어요. 하지만 이런 시스템하에서는 몇 가지 큰 한계가 있었습니다. 가장 큰 문제는 '검찰이 검찰을 수사한다'는 점이었어요. 쉽게 설명하면, 한 집안의 형이 동생을 조사하는 것과 비슷했죠. 예를 들어 어떤 검사가 뇌물을 받았다는 의혹이 있을 때, 같은 검찰 식구들이 수사를 했던 거예요. 이래서는 공정한 수사가 이루어지기 어려웠죠. 또 검찰이 정치적 압력에서 자유롭지 못하다는 문제도 있었어요. 검찰총장은 대통령이 임명하고 법무부 장관의 지휘를 받다 보니, 권력자들을 수사할 때 눈치를 볼 수밖에 없었거든요. 특히 대통령 주변 인물이나 고위정치인을 수사할 때는 더욱 그랬습니다. 선진국들은 이미 이런 문제를 해결하기 위한 특별한 기관들을 운영하고 있었어요. 미국의 특별검사 제도나 영국의 중대 비리수사청 같은 것들이죠. 이런 기관들이 성공적으로 운영되는 걸 보면서, 우리나라도 독립된 수사기관이 필요하다는 목소리가 커졌답니다. 그래서 마침내 공수처가 만들어졌고, 이제는 검찰이 아니라 공수처가 권력형 비리를 수사할 수 있게 되었어요. 특히 최근의 비상계엄 선포 사태에서 보듯이, 최고 권력자(대통령)의 범죄 혐의에 대하여 검찰이 아닌 독립적으로 수사할 수 있는 기관이 있다는 점에서 큰 의미가 있습니다.

독자 그동안 왜 설립이 안 됐던 거예요?

정 변호사 24년이나 걸린 이유는 여러 집단의 반대와 우려 때문이었어요. 쉽게 설명해 드릴게요. 가장 큰 반대는 검찰에서 나왔습니다. 그동안 검찰은 수사와 기소를 모두 할 수 있는 유일한 기관이었거든요. 마치 운동장에서 혼자 공을 가지고 놀던 아이에게 갑자기 공을 나눠 쓰자고 하는 것과 비슷했죠. 검찰 입장에서는 자신들의 권한이 줄어들 수 있다는 걱정이 컸을 거예요. 정치권에서도 재미있는 일이 벌어졌어요. 여당일 때는 반대하고 야당일 때는 찬성하는 식으로 입장이 계속 바뀌었거든요. 특히 '공수처장을 누가 뽑을까?' 하는 문제를 두고 심하게 다퉜답니다. 야구로 치면 심판을 누가 뽑느냐를 두고 싸우는 것과 비슷했죠.

시민들 사이에서도 걱정이 많았어요. "검찰보다 더 강한 기관이 생기는 거 아닌가?" "이 기관이 특정 정치인만 골라서 수사하면 어쩌지?" 하는 걱정이었죠. 새로운 권력기관이 또 하나 생기는 게 아니냐는 우려도 있었지요. 하지만 시간이 흐르면서 상황이 바뀌었어요. 최근 몇 년 동안 고위공직자들의 비리 사건이 계속 터지면서, 검찰만으로는 부족하다는 생각이 커졌거든요. 특히 검사나 판사가 잘못을 했을 때 이를 제대로 수사할 독립된 기관이 필요하다는 목소리가 높아졌죠. 결국 2020년, 오랜 논쟁 끝에 공수처가 탄생했어요. 지금은 설립 초기라 아직 완벽하지 않지만, 최근 고위공직자들에 대한 중요한 사건들을 수사하면서 조금씩 자리를 잡아가고 있답니다. 앞으로는 정치적 중립을 지키면서 국민의 신뢰를 얻는 것이 가장 중요한 과제가 되겠죠.

| 검사 25명과 수사관 40명 규모의 특별한 수사팀 |

독자 공수처법에는 어떤 내용이 담겨 있나요?

정 변호사 공수처법은 우리나라에서 권력을 가진 사람들의 비리를 수사하기 위한 특별한 규칙을 담고 있어요. 조금 자세히 설명해 드릴게요. 우선 공수처가 수사할 수 있는 대상이 정해져 있어요. 대통령의 가족들, 국회의원, 대법원장, 검찰총장, 장관들처럼 나라의 중요한 결정을 하는 분들이 주된 대상이에요. 판사와 검사도 포함되죠. 재미있는 점은 이분들과 함께 범죄를 저지른 일반인도 수사할 수 있다는 거예요. 예를 들어, 어떤 장관에게 뇌물을 준 기업인이 있다면 그 기업인도 함께 수사할 수 있는 거죠.

공수처는 마치 작은 검찰청처럼 구성되어 있어요. 맨 위에 처장이 있고, 바로 밑에 차장이 있습니다. 처장은 3년 동안만 일할 수 있고, 한 번만 할 수 있어요. 그 아래 수사처 검사 25명과 수사관 40명 정도가 실제 수사를 담당하고 있죠. 공수처의 권한도 상당히 커요. 고위공직자의 범죄를 직접 수사할 수 있고, 특히 검사가 저지른 범죄는 직접 재판에 넘길 수도 있어요. 다른 수사기관처럼 압수수색도 할 수 있고, 범죄 혐의자를 체포하거나 구속할 수도 있죠. 하지만 이런 큰 권한을 함부로 쓰지 못하도록 여러 안전장치도 마련해 뒀어요. 처장을 뽑을 때는 7명으로 구성된 추천위원회의 추천과 국회 과반수의 동의가 필요해요. 공수처에서 일하는 사람들은 정당에 가입하거나 정치활동을 할 수 없고, 퇴직 후에도 일정 기간 특정 직업을 가질 수 없어요. 특히 지금처럼 중요한 시기에는 공수처의 역할이 더욱 중요해졌어요. 최근의 비상계엄 선포 사태와 관련해서도 공수처가 독립적으로 수사할 수 있는 권한이 있음을 보여주었죠. 이런 점에서 공수처법은 우리나라 민주주의를 지키는 중요한 법적 장치라고 할 수 있습니다.

독자 공수처의 조직은 어떻게 구성되어 있나요?

정 변호사 공수처의 조직 구조를 학교에 비유해서 설명해 드릴게요. 학교에 교장 선생님이 계시듯이, 공수처에는 '처장'이 있어요. 처장은 공수처를 대표하고 모든 업무를 총괄하는 수장이죠. 그리고 교감 선생님처럼 처장을 보좌하는 '차장'이 있습니다. 처장과 차장은 모두 국회의 동의를 받아 대통령이 임명하는데, 정치적 중립성을 위해 임기가 3년으로 정해져 있고 한 번만 할 수 있어요. 실제 수사를 담당하는 '수사처 검사'들은 25명 정도 있는데, 이들이 중요한 사건들을 직접 맡아서 수사해요. 그리고 이 검사들을 도와주는 '수사관'들이 40명 정도 있죠. 특별히 중요한 사건이 생기면 여러 검사와 수사관들이 모여 '특별수사팀'을 꾸리기도 합니다. 재미있는 건 수사처 검사는 검사 출신 중에서만 뽑는 것이 아니라 판사 출신, 변호사 출신 등 다양한 사람들로 뽑아야 한다는 거예요. 이건 다양한 시각에서 수사할 수 있도록 하기 위해서랍니다. 현재 공수처장은 판사 출신입니다. 공수처에는 수사를 담당하는 부서 외에도 여러 지원부서가 있어요. 예산과 인사를 담당하는 부서, 수사에 필요한 정보와 기록을 관리하는 부서 등이 있죠. 특히 최근에 비상계엄 선포 사태 등 큰 사건에 관여하면서 인력이 부족하다는 지적이 있어서, 조직이 더 커져야 한다는 논의도 있다고 해요. 하지만 너무 큰 조직이 되면 또 다른 권력기관이 될 수 있다는 걱정도 있어서, 적정한 규모를 찾는 게 과제라고 할 것입니다.

독자 공수처의 독립성은 어떻게 보장되나요?

정 변호사 공수처가 제대로 일하려면 외부의 압력이나 간섭 없이 독립적으로 활동할 수 있어야 해요. 이를 위해 법으로 여러 가지 장치들을 마련해 뒀답니다.

먼저 인사의 독립성을 보면, 처장을 뽑는 과정이 매우 까다로워요. 먼저 7명으로 구성된 '추천위원회'에서 처장 후보를 추천하는데, 여기에는 여당과 야당, 법조계, 학계 등 다양한 분야의 사람들이 참여해요. 이렇게 추천된 후보는 국회 과반수의 동의를 받아야 하고, 최종적으로 대통령이 임명하게 됩니다. 마치 여러 단계의 필터를 거치는 것처럼, 한쪽의 의견만으로는 처장을 뽑을 수 없게 한 거예요.

예산의 독립성도 중요해요. 공수처는 필요한 예산을 직접 국회에 요구할 수 있어요. 법무부나 다른 기관을 거치지 않고요. 예산이 정치적 압박 수단이 되지 않도록 하기 위해서예요.

운영의 독립성을 위한 장치도 있어요. 공수처 검사들은 외부의 간섭 없이 독자적으로 수사하고 기소할 수 있어요. 검찰총장이 공수처 수사에 관여할 수 없는 것은 당연하죠. 또 공수처 직원들은 정당 가입이나 정치활동이 금지되어 있어요. 퇴직 후에도 일정 기간 정치활동을 할 수 없고, 특정 직업을 가질 수 없답니다. 반면에, 최고의 권력자들과 관련된 수사에서도 독립성을 유지할 수 있도록 보장하고 있어요. 공수처장은 대통령이나 국회의원이라도 수사에 관여하려 하면 이를 거부할 수 있어요. 이들이 공수처 수사에 관여하려는 시도 자체가 범죄가 될 수 있어요.

하지만 완전한 독립성이 남용되지 않도록 견제장치도 필요합니다. 정기적으로 국회에 업무 보고를 해야 하고, 예산 사용 내역도 투명하게 공개해야 해요. 국민의 대표인 국회의원들이 공수처의 활동을 감시하고 견제할 수 있도록 한 것이죠.

이렇게 공수처는 독립성을 보장받으면서도 한편 적절한 견제를 받도록 설계되어 있어요. 권력기관을 수사하는 만큼 외부 압력으로부터 자유로워야 하지만, 동시에 또 하나의 권력기관이 되지 않도록 균형을 맞추고 있는 거죠.

독자 어떤 사람들을 수사할 수 있나요?

정 변호사 공수처가 수사할 수 있는 대상을 크게 세 부분으로 나눠서 설명해 드릴게요. 첫째로, 나라의 가장 높은 자리에 있는 분들이에요. 현직 대통령과 그의 가족들, 국회의원, 청와대 수석비서관 이상의 공무원들이 포함됩니다. 또 국무총리와 장관들, 헌법재판소장, 대법원장, 검찰총장처럼 나라의 중요한 결정을 하는 고위공직자들도 수사 대상이에요(다만, 대통령은 내란 및 외환의 죄를 제외하고는 재직 중 소추를 할 수 없다는 제한이 있어요). 둘째로, 법을 다루는 사람들이에요. 판사, 검사, 경무관 이상의 경찰 간부들이 여기에 해당해요. 이들이 특별히 수사 대상이 되는 이유는,

법을 집행하는 사람들의 비리는 더욱 엄격하게 다뤄야 하기 때문이에요. 셋째로, 앞서 말씀드린 사람들과 함께 범죄를 저지른 일반인들도 수사할 수 있어요. 예를 들어 어떤 장관에게 뇌물을 준 기업인이 있다면, 그 기업인도 함께 수사하는 거죠. 이건 사건의 실체를 제대로 밝히기 위해서 꼭 필요한 부분이에요.

수사할 수 있는 범죄의 종류도 정해져 있어요. 주로 뇌물수수, 직권남용, 횡령 같은 부패 범죄와 관련된 것들이죠. 특히 검사가 저지른 범죄는 거의 모든 종류를 수사할 수 있어요. 최근에는 비상계엄 선포 사태와 관련 대통령 수사(체포영장 집행)도 진행하였죠. 공수처가 맡은 사건이 검찰이나 경찰이 수사하는 사건과 겹칠 때는 어떻게 할까요? 이런 경우를 대비해서 규칙이 있어요. 공수처가 먼저 수사하기 시작했다면 계속 공수처가 수사하고, 검찰이나 경찰이 먼저 시작했더라도 공수처가 필요하다고 판단하면 사건을 가져올 수 있어요. 다만 모든 고위공직자의 범죄를 다 수사하는 건 아니에요. 공수처는 주로 권력형 비리나 부패 사건을 중점적으로 다뤄요. 예를 들어 국회의원이 교통사고를 냈다고 해서 공수처가 수사하지는 않죠. 공수처는 제한된 인력으로 꼭 필요한 사건에 집중하고 있답니다.

이렇게 공수처의 수사 대상과 범위를 법으로 정해 둔 것은, 공수처가 본연의 목적에 맞게 권력형 비리 수사에 집중할 수 있도록 하기 위해서예요. 우리나라 최초의 고위공직자 전담 수사기관으로서 그 역할을 제대로 해내길 기대하고 있습니다.

| 공수처법의 현 단계 |

독자 수사 과정은 어떻게 진행되나요?

정 변호사 공수처의 수사 과정을 단계별로 자세히 설명해 드릴게요. 1단계는 사건의 시작입니다. 사건이 공수처에 들어오는 방법은 크게 세 가지예요. 시민들이 직접 신고하거나 제보하는 경우, 검찰이나 경찰에서 이첩받는 경우, 그리고 공수처가 직접 범죄 정황을 포착하는 경우가 있어요. 가령 언론 보도를 통해 인지하기도 하죠.

2단계는 예비조사입니다. 접수된 사건은 먼저 예비조사를 해요. 이 단계에서는 제보 내용이 사실인지, 공수처가 수사할 만한 사건인지를 검토합니다. 특히 정치적 중립성을 해치지 않는지, 수사 가치가 있는지를 꼼꼼히 따져보죠.

3단계는 특별수사팀 구성입니다. 본격적인 수사가 필요하다고 판단되면 특별수사팀을 꾸려요. 수사처 검사와 수사관들이 팀을 이뤄 수사를 진행하는데, 사건의 특성에 따라 회계나 금융 전문가 등 외부 전문가의 도움을 받을 수도 있답니다.

4단계는 실제 수사 진행입니다. 이 단계에서는 다양한 수사 방법이 동원돼요. 관련 서류나 증거를 수집하고, 관계자들을 불러 조사합니다. 필요하다면 법원의 영장을 받아 압수수색도 진행하죠. 다만 공수처는 피의자 인권보호에 특별히 신경 써요. 변호사 입회를 보장하고, 무리한 심야조사는 하지 않는 등 세심한 규칙들이 있답니다.

5단계는 다른 기관과의 협력입니다. 공수처는 작은 조직으로서 수사 과정에서 검찰이나 경찰의 협조가 필요할 때가 많아요. 예를 들어 계좌추적이나 통신기록 확인이 필요할 때는 다른 기관의 도움을 받아야 하죠. 이럴 때는 '수사협조 의무'라는 규정에 따라 서로 협력하면서 수사를 진행합니다.

6단계는 종결 처분입니다. 수사가 끝나면 최종 처분을 결정해요. 범죄 혐의가 인정되면 재판에 넘기게 되는데, 검사의 범죄는 공수처가 직접 기소할 수 있어요. 다른 고위공직자의 경우에는 검찰에 사건을 넘겨 기소하도록 합니다(이번 비상계엄 관련 대통령에 대한 반란죄의 기소도 검찰에서 하였지요). 혐의가 없거나 증거가 부족하면 불기소 처분을 하고, 이때는 그 이유를 명확히 밝혀야 해요. 특히 모든 수사 과정은 철저하게 기록되고 관리돼요. 나중에 문제가 생기더라도 수사 과정을 검증할 수 있도록 하기 위해서죠.

이렇게 엄격한 절차와 원칙을 지키면서 진실을 밝혀나가는 것이 공수처 수사의 특징입니다.

독자 다른 수사기관과는 어떻게 협력하나요?

정 변호사 공수처는 검찰, 경찰과 함께 수사를 하는 경우가 많아요. 어떻게 협력하는지 자세히 설명해 드릴게요. 우선 공수처는 검찰과 특별한 협력관계를 가지고 있어요. 같은 사건을 검찰도 수사하고 있다면, 공수처가 "우리가 수사하겠습니다"라고 할 수 있어요. 하지만 반대로 검찰이 더 잘 수사할 수 있는 사건이라면 검찰에 넘길 수도 있죠. 마치 의사들이 환자의 상태에 따라 더 전문적인 병원으로 옮기는 것처럼요. 경찰과도 비슷한 방식으로 협력해요. 경찰이 수사하던 사건 중에 고위공직자의 비리가 발견되면, 공수처가 사건을 넘겨받을 수 있어요. 또 수사 과정에서 경찰의 도움이 필요할 때는 수사 협조를 요청할 수도 있습니다. 특히 중요한 것은 정보를 서로 나누는 일이에요. 예를 들어 공수처가 수사하다가 알게 된 정보가 검찰이나 경찰 수사에 도움이 될 수 있잖아요? 이런 정보들을 서로 공유하면서 더 효과적으로 수사를 진행할 수 있답니다. 때로는 수사팀을 합쳐서 공동수사를 하기도 해요. 또 각 기관이 가진 특별한 장점들을 활용할 수도 있어요. 예를 들어 검찰은 오랜 수사 경험과 전문성이 있고, 경찰은 전국적인 정보망을 가지고 있죠. 공수처는 이런 장점들을 잘 활용하면서 수사를 진행합니다. (이번 비상계엄 관련 대통령의 체포집행에서 경찰의 적극적인 협조를 받은 것은 전형적인 예입니다.)

하지만 아직은 해결해야 할 과제들이 많이 있어요. 가끔은 어느

기관이 수사를 맡아야 할지를 두고 의견이 다를 때도 있고, 정보 공유가 잘 안 될 때도 있거든요. 이런 문제들은 시간이 지나면서 서로 이해하고 배려하는 과정을 통해 하나씩 해결해 나아가야 할 것입니다. 결국 중요한 건 공수처, 검찰, 경찰 모두 같은 목표를 향해 가고 있다는 거예요. 바로 부패와 비리를 밝혀내고 우리 사회를 더 깨끗하게 만드는 거죠. 그래서 서로 경쟁하기보다는 각자의 전문성을 살리면서 협력하는 것이 가장 중요합니다.

독자 대통령이나 전직 대통령도 수사할 수 있나요?

정 변호사 현직 대통령과 전직 대통령의 경우를 구분해서 설명해 드릴게요. 현직 대통령은 기본적으로 재임 중에는 수사하기 어려워요. 이는 대통령이 국정 운영에 전념할 수 있도록 하기 위한 특별한 보호장치로서 재직 중에는 형사소추를 당하지 않는다고 되어 있지요. 하지만 중요한 예외가 있습니다. 우리 헌법 제84조에 따르면 내란이나 외환의 죄는 수사할 수 있어요. 2024년 12월 3일 윤석열 대통령의 비상계엄 선포가 내란죄에 해당하는지에 대하여 수사가 가능했지요. 국회에서 비상계엄 해제 결의를 했고, 탄핵소추까지 의결된 상태라 더욱 중요한 사안이 되었죠. 대통령의 가족이나 측근들은 언제든 수사할 수 있어요. 예를 들어 대통령의 배우자나 자녀가 비리에 연루됐다면 수사가 가능하죠. 이런 수사가 나중에 전직 대통령 수사로 이어질 수도 있어요. 가족 비리를 수사하다 보면 대통령의 관여 정황이 나올 수 있기 때문이죠.

전직 대통령의 경우는 현직일 때와 완전히 달라요. 임기가 끝나면 일반 시민과 마찬가지로 모든 범죄에 대해 수사할 수 있습니다. 실제로 우리나라에서 여러 전직 대통령들이 퇴임 후에 수사를 받고 재판까지 받은 사례가 있죠. 재임 중의 범죄도 퇴임 후에는 수사할 수 있어요.

현재는 이 사건을 누가 수사할지를 두고 검찰, 경찰, 공수처가 각자의 입장을 내세우고 있어요. 검찰은 중대 사건 수사 경험을, 경찰은 광범위한 수사망을, 공수처는 고위공직자 비리 전담기관이라는 점을 강조하고 있죠. 가장 바람직한 것은 세 기관이 협력하는 거예요. 실제로 이런 중대 사건에서는 합동수사본부를 구성하는 경우도 있습니다. 특히 대통령 수사는 매우 신중하게 이루어져야 해요. 정치적 보복으로 비칠 수 있기 때문이죠. 그래서 확실한 증거와 명확한 법적 근거가 있을 때만 수사를 시작합니다.

헌법재판소의 탄핵 심판으로 탄핵이 인용되면 대통령은 즉시 권한이 정지되고, 그때부터는 일반 시민처럼 모든 범죄에 대해 수사를 받을 수 있게 됩니다. 결국 중요한 건 법 앞의 평등이에요. 현직이든 전직이든 대통령이라도 법을 어기면 책임을 져야 하고, 특히 내란죄처럼 국가의 존립과 관련된 중대 범죄는 더욱 철저히 수사해야 한다는 게 우리 법의 정신이랍니다.

| 공수처법의 성과와 문제점 |

독자 지금까지 어떤 성과가 있었나요?

정 변호사 공수처가 출범한 뒤 거둔 성과와 아직 부족한 점들을 함께 살펴보면 좋을 것 같아요. 가장 눈에 띄는 성과는 권력기관을 감시할 새로운 수사기관이 생겼다는 것입니다. 예전에는 검찰, 법원, 고위공직자들의 잘못된 행위를 조사하기가 쉽지 않았어요. 특히 검찰 내부의 비리는 검찰이 스스로 수사해야 했는데, 이제는 공수처가 독립적으로 수사할 수 있게 되었죠.

실제로 의미 있는 수사들이 있었어요. 전직 대법원장이나 검찰 고위간부들도 수사 대상이 되었고, 불법으로 출국금지를 한 사건이나 검사들의 비위 사건도 밝혀냈습니다. 지금까지 100여 건의 사건을 수사했고, 그중 10여 건은 재판에 넘겨졌다고 해요. 더 중요한 것은 권력층의 태도가 달라졌다는 점이에요. 이제는 높은 자리에 있는 사람들도 잘못을 저지르면 공수처의 수사를 받을 수 있다는 걸 알게 되었죠. 이런 경각심은 비리를 예방하는 효과도 가져왔어요.

하지만 아쉬운 점도 있어요. 수사가 생각보다 천천히 진행되는 경우가 많고, 재판에 넘기는 사건의 비율도 높지 않아요. 또 일부 사건에서는 '정치적 수사'라는 비판을 받기도 했죠. 수사 능력을 더 키워야 한다는 지적도 받고 있고요. 가장 큰 숙제는 정치적으로 치우치지 않는 것이에요. 여당이든 야당이든 같은 기준으로 공정하게 수사해야 국민들이 믿을 수 있겠죠. 또 검찰과도 잘 협력해야 하는데, 아직은 이 부분에서 어려움이 있어요.

그래도 긍정적인 변화를 가져온 건 분명해요. 이제 막강한 권력을 가진 기관들도 견제를 받게 되었고, 고위직의 비리를 전문적으로 수사하는 새로운 길이 열렸으니까요. 앞으로 수사 실력도 더 늘고 공정성도 더 강화된다면, 공수처는 우리 사회에 꼭 필요한 기관이 될 거예요. 특히 최근에는 국가 중요 사건들도 맡게 되면서 공수처의 역할이 더욱 커지고 있어요. 국민들의 기대도 그만큼 높아졌죠. 진실을 밝히고 정의를 세우는 일에 집중한다면, 공수처는 분명 국민들의 신뢰를 얻을 수 있을 거예요. 그러나 지금은 아직 성장하는 단계예요. 부족한 점들을 하나씩 고쳐가면서 더 나은 모습으로 발전해 나가야 할 때죠. 공수처가 국민들이 바라는 제대로 된 수사기관으로 자리 잡기를 기대해 봅니다.

독자 공수처의 역할은 무엇인가요?

정 변호사 2024년 12월의 비상계엄 사태 이후 공수처에 대한 관심이 매우 높아졌어요. 우선, 공수처는 대통령의 비상계엄 선포가 내란죄에 해당하는지 수사할 수 있는 권한을 가지고 있다고 해석됩니다. 현직 대통령은 보통 수사하기 어렵지만, 내란죄는 예외거든요. 특히 국회에서 비상계엄 해제 결의가 이뤄지고 탄핵소추까지 의결된 상황에서 검찰이나 경찰의 수사가 어려워지면서 공수처의 역할이 더욱 중요해졌습니다.

공수처가 해야 할 일은 크게 세 가지였습니다. 첫째, 비상계엄 선포 과정에서 벌어진 일들을 철저히 조사해야 했죠. 누가 어떤 지시를 했고, 어떤 절차로 진행됐는지 명확히 밝혀야 했습니다(아쉬운 점은 어렵게 대통령을 체포하였으나 묵비권의 행사로 인하여 실제로 대통령에 대한 조사는 하지 못하였다는 점입니다). 둘째, 다른 수사기관들과 협력해야 해요. 검찰은 내란죄 수사 경험이 쌓여 있고, 경찰은 현장 정보가 많으니까요. 합동수사본부를 만들어 함께 수사하는 게 좋았을 겁니다. 셋째, 신속하면서도 신중하게 수사해야 합니다. 헌정 질서가 흔들리는 상황이라 빠른 수사가 필요하면서, 한편으로는 확실한 증거를 바탕으로 해야 하니까요. 특히 이번 사태는 우리나라 헌정 사상 처음 있는 일이었습니다. 대통령이 비상계엄을 선포했다가 국회가 이를 해제하고 탄핵소추까지 한 경우는 없었거든요. 그만큼 공수처의 수사 관여가 중요한 선례가 되겠지요. 정치적 중립성을 지키면서도 진실을 밝히는 것, 그것이 지금 공수처에 주어진 가장 큰 과제라고 할 수 있습니다.

독자 공수처에 대한 비판의 목소리도 있다던데, 어떤 것들인가요?

정 변호사 네, 공수처에 대한 여러 비판이 있어요. 주요 비판과 한계점들을 설명해 드릴게요. 가장 큰 비판은 정치적 중립성에 관한 것입니다. 일부에서는 공수처가 특정 정파에 유리한 수사를 했다고 비판해요. 수사 대상을 선정할 때 편향성을 보인다는 지적이죠. 특히 여야 정치인들에 대한 수사가 공평하지 않다는 목소리가 있었어요. 두 번째는 수사 역량에 대한 의문이에요. 검찰에 비해 수사 경험이 부족하고, 사건 처리 속도도 더디다는 비판이 있었죠. 실제로 기소율이 낮고 무혐의 처분이 많다는 지적도 있어요. 세 번째는 조직의 독립성 문제예요. 공수처장을 대통령이 임명하다 보니, 완전한 독립성을 보장하기 어렵다는 거죠. 또 수사 대상자가 인사권을 가진 경우도 있어서 제대로 된 수사가 어렵다는 지적도 있었어요. 검찰과의 갈등도 중요한 문제예요. 수사권 조정을 둘러싼 마찰이 계속되고 있고, 사건 이첩이나 협조가 원활하지 않다는 비판도 있었죠. 인력과 예산의 한계도 있어요. 현재 인원으로는 많은 사건을 처리하기 어렵고, 전문 수사관이 부족하다는 지적이 있습니다.

하지만 이런 문제들은 새로운 기관이 겪는 성장통으로 볼 수도 있어요. 시간이 지나면서 수사 경험도 쌓이고, 조직의 안정성도 높아질 테니까요. 중요한 건 이런 비판들을 겸허히 받아들이고 개선해 나가는 자세예요. 정치적 중립성을 강화하고, 수사 역량을 키우며, 다른 수사기관들과의 협력도 늘려가야 할 거예요. 특히 국민의 신뢰를 얻는 게 가장 중요해요. 공정하고 투명한 수사로 실력을 입증하고, 권력형 비리를 척결하는 모습을 보여준다면, 지금의 비판들은 극복될 수 있을 거예요.

| 법치주의의 새로운 이정표 |

독자 앞으로 공수처가 잘 운영되려면 어떻게 해야 할까요?

정 변호사 공수처가 앞으로 더 발전하려면 여러 가지 개선이 필요해요. 아직 출범한 지 얼마 되지 않은 젊은 기관이다 보니, 보완해야 할 점들이 많거든요. 무엇보다 공정성을 확보하는 게 가장 중요해요. 공수처는 어떤 정치세력에도 치우치지 않고 중립을 지켜야 해요. 예를 들어 수사 대상자가 여당 정치인이든 야당 정치인이든 상관없이, 오직 증거와 사실에 따라 수사를 진행해야 합니다. 국민들이 "공수처는 공정하다"라고 믿을 수 있어야 하죠.

다음으로는 수사의 전문성을 더욱 키워야 해요. 권력형 비리 사건들은 대부분 매우 복잡하고 교묘하게 이루어지거든요. 예를 들어 불법 자금을 세탁하거나 가짜 증거를 만드는 등 다양한 방법으로 범죄를 숨기려고 하죠. 이런 사건들을 제대로 수사하려면 수사관들의 실력이 정말 뛰어나야 해요. 특히 요즘은 디지털 증거가 중요해졌잖아요? 컴퓨터나 휴대폰에서 증거를 찾아내는 첨단 수사 기법도 계속 배우고 발전시켜야 합니다.

투명성도 매우 중요해요. 물론 수사 비밀은 지켜야 하지만, 국민들이 궁금해하는 내용은 가능한 한 많이 설명해 줘야 해요. 예를 들어 "왜 이 사건을 수사하기로 했는지" "수사는 지금 어떻게 진행되고 있는지" 등을 알기 쉽게 설명해 주면 좋겠죠. 특히 수사 결과를 발표할 때는 국민들이 이해하기 쉽게 자세히 설명해야 해요.

또한 다른 수사기관들과의 협력도 잘 이뤄져야 해요. 검찰, 경찰과 서로 경쟁하는 게 아니라 힘을 합쳐야 하죠. 예를 들어 같은 사건을 여러 기관이 중복해서 수사하느라 시간과 비용을 낭비하는 일은 없어야 해요. 최근 비상계엄 사태에서와 같이 큰 사건은 합동수사팀을 꾸려서 함께 수사하는 것도 좋은 방법이 될 수 있겠죠.

인력과 조직 문제도 해결해야 해요. 지금은 수사관이 너무 적어서 많은 사건을 제때 처리하기 어려워요. 우수한 수사관들을 더 뽑고, 그들이 오랫동안 일할 수 있는 환경도 만들어야 해요. 또 수사관들이 외부 압력 없이 독립적으로 수사할 수 있도록 보장하는 것도 중요하죠.

이런 과제들을 하나씩 해결해 나간다면, 공수처는 분명 국민들이 진정으로 신뢰하는 기관으로 성장할 수 있을 거예요. 특히 지금처럼 중요한 시기에 공수처의 역할이 더욱 중요하다고 봐요. 헌법과 법률이 정한 범위 안에서 공정하고 전문적인 수사를 통해 진실을 밝히는 것, 그것이 바로 공수처가 나아가야 할 길이라고 생각합니다.

독자 좋은 말씀 감사합니다. 전체적인 맥락에서 공수처법에 대한 의미를 요약해 주셨으면 합니다.

정 변호사 공수처는 우리 사회의 면역 체계와 비슷합니다. 인체의 면역 체계가 질병으로부터 우리 몸을 지키듯, 공수처는 권력형 비리와 부패로부터 우리 사회를 지키는 역할을 합니다. 출범한 지 얼마 되지 않은 젊은 기관이지만, 이미 우리 사회에 새로운 변화를 가져오고 있습니다. 이제는 아무리 높은 자리에 있더라도 법 앞에서만큼은 평등하다는 인식이 자리 잡기 시작했습니다. 특히 검찰과 법원, 고위공직자들도 견제를 받게 되었다는 점은 우리 민주주의의 큰 진전이라고 할 수 있죠.

하지만 아직 가야 할 길이 많이 남아 있습니다. 정치적 중립성을 지키면서도 단호한 수사를, 신속하면서도 신중한 판단을, 독립적이면서도 다른 기관과의 협력을 이뤄내야 합니다. 마치 외과의사가 정교한 수술로 병든 부위만을 제거하듯, 공수처도 권력형 비리만을 정확하게 도려내는 섬세함이 필요합니다. 공수처가 진정한 '권력 감시의 파수꾼'으로 자리 잡기 위해서는 무엇보다 국민의 신뢰가 필요합니다. 그 신뢰는 오직 공정하고 투명한 수사, 그리고 흔들리지 않는 원칙을 통해서만 얻을 수 있을 것입니다. 우리 모두의 관심과 지지 속에서 공수처가 대한민국 법치주의의 새로운 이정표로 성장하기를 기대해 봅니다.

| 공수처법 요약 |

①개념

공수처법은 고위공직자의 부패범죄와 관련 범죄를 독립적으로 수사·기소하기 위한 특별검찰기관인 고위공직자범죄수사처의 설치 및 운영에 관한 법률입니다. 검찰, 경찰과 더불어 대한민국의 3대 수사기관 중 하나로 자리매김하고 있습니다.

②역사

2003년 노무현 정부 시절 처음 도입이 논의된 후, 17년간의 진통 끝에 2020년 1월 14일 제정되어 2021년 1월 21일부터 시행되었습니다. 특히 검찰 개혁의 핵심과제로서 추진되어 왔으며, 아시아 최초의 고위공직자 전담 수사기구라는 의미를 갖습니다.

③내용

주요 내용은 조직 구성과 권한, 운영 방식 등을 상세히 규정하고 있습니다. 조직은 처장 1명과 차장 1명, 그리고 25명 이내의 수사처검사로 구성됩니다. 수사 대상은 대통령, 국회의원을 비롯한 고위공직자와 그 가족이며, 수사권과 일부 직접 기소권을 가지고 있습니다. 예산과 인사, 운영의 자율성을 통해 독립성을 보장받되, 국회 소관 상임위원회 보고와 감사원 감사를 통해 견제를 받도록 하고 있습니다. 특히 대통령의 내란죄와 같은 중대 범죄 수사에 대해서도 관할권을 가지고 있는 것으로 해석되나, 검찰 및 경찰과의 수사권 조정이 필요한 상황입니다.

④찬반 논란 및 핵심 쟁점

찬성 측은 고위공직자 비리 근절과 검찰권력 분산이 필요하다고 주장합니다. 반면 반대 측은 옥상옥 구조가 될 수 있다는 점과 정치적 중립성이 훼손될 수 있다는 우려를 제기합니다.

주요 쟁점으로는 첫째, 헌법상 기소독점권을 가진 검찰과의 권한 조정 문제가 있습니다. 둘째, 수사 대상 선정에서 정치적 중립성을 어떻게 확보할 것인지가 논란이 되고 있습니다. 셋째, 수사처검사의 자격 요건과 인사 독립성 문제도 중요한 쟁점입니다. 마지막으로 수사와 기소 분리 원칙과의 충돌 문제도 지속적으로 제기되고 있습니다.

특히 2024년 12월 대통령 비상계엄 선포 사태와 관련하여, 대통령의 중대 범죄 수사에 대한 관할권 문제가 새로운 쟁점으로 대두되었습니다. 내란죄와 같은 국가적 중대 사건에서 검찰, 경찰, 공수처 간의 수사권 조정 문제가 시급한 과제로 부각되고 있습니다.

⑤사례 및 실적

2021년 출범 이후 여러 주목할 만한 수사가 진행되었습니다. 전직 법무부 장관의 불법 출국금지 의혹 사건을 수사했으며, 검사장급 이상 고위검사의 비위 사건도 다루었습니다. 또한 현직 국회의원의 부패 혐의에 대한 수사도 진행한 바 있습니다. 2024년 12월 현재, 대통령 비상계엄 선포 사태와 관련하여 수사권 관할을 둘러싼 논란이 진행 중입니다. 이는 공수처의 위상과 권한 범위에 대한 중요한 시험대가 될 것으로 보입니다.

⑥핵심 요약

공수처는 권력형 부패를 척결하기 위한 특별수사기관으로, 검찰과 별도의 수사·기소 권한을 보유하고 있습니다. 현재 정치적 중립성 확보와 수사의 실효성 제고라는 과제와 함께, 중대 국가적 사건에서의 수사권 조정이라는 새로운 도전에 직면해 있습니다. 이는 검찰 개혁과 권력기관 간 견제와 균형이라는 측면에서 중요한 전환점이 될 것으로 평가받고 있습니다.

04
자유와 안보 사이의 균형을 찾아서 _국가보안법

국가보안법은 우리나라의 안전을 지키는 방패와도 같습니다. 하지만 이 방패가 너무 무거우면 움직임이 둔해지고, 너무 가벼우면 제 역할을 못 하겠죠. 그래서 시대의 변화에 맞춰 적절한 무게를 찾아가는 것이 중요합니다. 75년이라는 긴 세월 동안 이 법은 우리 사회를 지켜왔지만, 이제는 새로운 도전과 마주하고 있습니다. 사이버 공격이라는 보이지 않는 위험, SNS를 통해 순식간에 퍼지는 허위정보, 그리고 수시로 변화하는 남북관계까지. 이런 새로운 위협에 대응하면서도 국민의 기본권을 지키는 섬세한 균형이 필요한 시대입니다. 마차 첨단 보안 시스템처럼, 꼭 필요한 위험은 차단하면서도 일상적인 자유는 보장하는 스마트한 법으로 거듭나야 합니다. 우리 모두의 지혜를 모아 더 나은 미래를 위한 새로운 국가보안법을 만들어가야 할 때입니다.

| 안전을 지키는 방패, 그러나 |

독자 국가보안법에 대한 기본적인 설명부터 해주시겠어요?

정 변호사 네, 국가보안법은 우리나라와 국민을 보호하기 위해 만들어진 특별법입니다. 일반적인 범죄는 형법으로 처벌하지만, 나라의 안전을 위협하는 특별한 경우는 이 법으로 다루게 됩니다. 이해하기 쉽게 예를 들어볼까요? 우리 집에는 평소에 지키는 기본적인 규칙들이 있죠. 하지만 도둑이 들어올 수 있는 위험한 상황에서는 특별한 보안장치가 필요합니다. 국가보안법은 바로 우리나라를 지키는 이런 '특별한 보안장치'와 같은 법입니다. 구체적으로 이 법은 '반국가단체'의 활동이나 '간첩행위'처럼 나라의 안전을 크게 위협하는 행위들을 처벌합니다. 예를 들어 북한과 같은 반국가단체를 돕거나, 우리나라의 중요한 정보를 빼내가는 행위 등을 엄격하게 단속하죠. 그만큼 강력한 처벌 규정을 가지고 있어서, 이 법을 적용할 때는 매우 조심스럽게 판단해야 합니다.

독자 국가보안법은 언제, 왜 만들어졌을까요?

정 변호사 국가보안법은 1948년, 대한민국 정부가 수립된 직후에 만들어졌습니다. 당시 상황을 이해하면 이 법이 왜 필요했는지 알 수 있어요. 해방 이후 우리나라는 매우 혼란스러운 시기를 겪고 있었습니다. 남과 북이 분단되어 서로 적대적인 관계였고, 국내에서도 좌우 이념 대립이 매우 심했죠. 마치 한집에 사는 형제가 크게 다퉈서 서로 다른 방에서 살게 된 것처럼, 우리 민족이 둘로 갈라진 아픈 상황이었습니다. 이후 이 법은 시대 변화에 따라 여러 차례 개정되었어요. 특히 1980년에는 전면 개정이 이루어졌고, 1991년에는 헌법재판소의 '한정합헌' 결정에 따라 법 적용 범위가 조정되었습니다. 2012년에도 '이적표현물' 관련 조항이 수정되는 등 계속해서 변화해 왔죠. 하지만 냉전 체제가 끝나고 남북관계도 많이 달라진 지금, 이 법의 적용 범위와 개정 필요성에 대한 논의가 계속되고 있습니다. 시대가 변한 만큼 법도 그에 맞게 변화해야 한다는 의견이 많은 상황이에요.

독자 다른 나라들도 국가보안법이 있나요?

정 변호사 다른 나라들도 국가안보를 위한 법들이 있습니다만, 나라마다 역사와 상황이 달라 그 형태가 조금씩 다릅니다.

미국의 경우에는 '국가안보법'이나 '애국법'과 같은 법률로 국가안보 문제를 다루고 있어요. 독일은 '형법' 안에 국가보안 관련 조항을 따로 두어 반국가적 행위를 처벌하고 있죠. 일본은 '파괴활동방지법'이라는 법으로 국가안보 위협 행위를 규제하고 있습니다.

하지만 우리나라처럼 별도의 강력한 국가보안법을 가진 경우는 특별한 편인데요, 이는 우리나라가 처한 독특한 상황 때문입니다. 다른 나라들과 달리 우리는 아직 전쟁이 완전히 끝나지 않은 정전 상태이고, 같은 민족이면서도 서로 다른 체제로 분단된 상태가 지속되고 있기 때문이죠. 예를 들어 프랑스나 영국 같은 나라들은 주변 국가들과 평화로운 관계를 맺고 있어서, 국가안보 문제를 일반 형법의 테두리 안에서 다루는 것이 가능합니다. 하지만 우리나라는 특수한 안보 상황 때문에 더 강력한 법적 장치가 필요했던 거예요.

| 국가보안법의 적용과 범위 |

독자 어떤 행동들이 처벌을 받게 되나요?

정 변호사 국가보안법에서 처벌하는 행위들은 크게 세 가지 유형으로 나눌 수 있습니다. 하나씩 알기 쉽게 설명해 드릴게요.

첫째는 '반국가단체' 관련 행위를 처벌합니다. 예를 들어 북한을 지나치게 찬양하거나 도와주는 행위가 여기에 해당해요. 구체적으로는 북한의 주장을 적극적으로 옹호하거나, 북한의 조직에 가입하는 행위, 또는 북한을 돕기 위한 글이나 자료를 만들어 퍼뜨리는 '이적표현물' 관련 행위들이 처벌됩니다.

둘째는 '간첩행위'입니다. 우리나라의 중요한 군사기밀을 몰래 캐내거나, 국가의 중요한 비밀을 다른 나라에 넘기는 행위를 말해요. 특히 공무원이 자신의 직무와 관련된 비밀을 누설하는 것도 엄격히 처벌받게 됩니다.

셋째는 허가 없이 북한을 오가는 '탈출·잠입 행위'입니다. 정부의 허락 없이 북한을 방문하거나, 북한에서 불법적으로 우리나라로 들어오는 행위가 이에 해당합니다. 특수 지역을 몰래 드나드는 것도 마찬가지로 처벌됩니다.

이러한 행위들은 모두 우리나라의 안전과 안보를 위협할 수 있기 때문에 법으로 엄격하게 규제하고 있는 것입니다.

독자 SNS나 인터넷상의 표현도 처벌받을 수 있나요?

정 변호사 네, 인터넷상의 표현도 국가보안법 위반이 될 수 있습니다. SNS에 북한을 지나치게 찬양하는 글을 올리거나, 북한의 선전 자료를 퍼 나르는 행위도 처벌 대상이 될 수 있어요.

특히 요즘은 SNS나 유튜브 같은 플랫폼의 영향력이 매우 크기 때문에 더욱 주의가 필요합니다. 단순히 '좋아요'를 누르거나 글을 공유하는 것만으로도 문제가 될 수 있어요. 예를 들어, 북한의 선전 영상을 유튜브에 올리거나, 북한의 주장을 옹호하는 게시물을 반복적으로 공유하는 행위는 '이적표현물의 반포'로 처벌받을 수 있습니다. 다만, 순수한 학술적 관심이나 보도 목적의 표현은 예외로 인정될 수 있어요. 북한에 대해 객관적으로 연구하거나 토론하는 것은 허용됩니다.

독자 국가보안법 위반 혐의가 있을 때 수사 과정은 어떻게 진행되나요?

정 변호사 국가보안법 사건의 수사는 주로 국가정보원과 경찰청의 보안수사대에서 맡아서 진행합니다. 일반 형사 사건과는 다른 특별한 절차가 적용되는데, 단계별로 설명해 드릴게요. 먼저 수사기관은 혐의자의 행위가 국가안보에 실제로 위험한지를 면밀하게 조사합니다. 이 과정에서 통신기록이나 금융거래 내역 등 다양한 증거자료를 수집하게 되죠. 특히 국가보안법 사건은 증거수집을 위한 강제수사가 허용되는 범위가 일반 형사 사건보다 넓습니다. 하지만 인권보호를 위해 반드시 지켜야 할 원칙들이 있어요. 예를 들어 변호인의 조력을 받을 권리는 어떤 경우에도 보장되어야 하며, 불필요한 장기구금이나 가혹행위는 금지됩니다. 또한 수사 과정에서 확보한 증거는 법원의 엄격한 심사를 받게됩니다.

독자 국가보안법을 둘러싼 찬반 의견이 많다고 하는데, 어떤 입장들이 있나요?

정 변호사 국가보안법에 대해서는 크게 상반된 두 가지 입장이 있습니다. 마치 동전의 양면처럼 각각 다른 시각을 가지고 있죠.

먼저 법을 유지해야 한다는 입장에서는, "아직도 휴전 중인 분단국가에서 국가보안법은 꼭 필요한 우산과 같다"고 말합니다. 북한의 대남전략이 여전히 존재하고, 최근에는 사이버 공격이나 가짜 뉴스 같은 새로운 위협도 늘어나고 있어서 국가안보를 위한 법적 장치가 필요하다고 보는 거죠.

반면 법을 폐지해야 한다는 입장에서는 "한여름에도 두꺼운 겨울 코트를 입고 있는 것과 같다"고 비유합니다. 남북교류가 활발해진 현대 사회에서 이 법이 오히려 시대에 뒤떨어졌다고 보는 거예요. 특히 이 법이 표현의 자유를 지나치게 제한하거나, 정치적으로 악용될 수 있다는 점을 우려합니다.

두 입장 모두 우리나라의 안전과 발전을 바라는 마음은 같습니다. 다만 그 방법에 대한 견해 차이가 있는 것이죠. 이런 논쟁은 앞으로도 계속될 것 같은데요, 중요한 것은 서로의 입장을 이해하고 존중하면서 우리 시대에 맞는 적절한 해답을 찾아가는 것이라고 생각합니다.

독자 그런데 안보도 중요하지 않나요?

정 변호사 네, 안보는 정말 중요합니다. 마치 우리 집의 현관문과 같아요. 현관문을 잠그지 않으면 우리 가족의 안전을 지킬 수 없듯이, 국가안보가 없다면 우리의 일상적인 삶도 위협받을 수 있습니다. 특히 우리나라는 휴전 상태가 지속되고 있고, 북한의 도발 위협도 계속되고 있어서 안보의 중요성이 더욱 크다고 할 수 있죠. 최근에는 사이버 공격이나 가짜 뉴스 유포처럼 눈에 보이지 않는 위협도 많아졌습니다. 다만, 중요한 것은 균형입니다. 안보를 위한 법이 너무 강력해서 시민들의 기본적인 자유를 과도하게 제한한다면, 그것 역시 문제가 될 수 있어요. 마치 도둑이 들까 봐 창문을 모두 막아버리면 햇빛도 들어올 수 없는 것처럼요.

| 국가보안법의 역사와 미래 |

독자 실제로 국가보안법과 관련하여 어떤 문제들이 있었나요?

정 변호사 국가보안법과 관련해서 실제로 있었던 몇 가지 사례를 말씀드릴게요. 가장 대표적인 것이 무고한 시민이 간첩으로 오해받은 사례입니다. 1970~80년대에는 해외 유학생이나 북한을 방문했던 사람들이 간첩으로 의심받아 고초를 겪은 일이 있었어요. 나중에 무죄로 밝혀졌지만, 그분들의 인생과 가족들에게는 큰 상처가 되었죠. 또 다른 예로는 순수한 학술활동이나 표현의 자유가 제한된 경우도 있었습니다. 북한 관련 서적을 연구하다가 처벌받거나, SNS에 올린 글 때문에 곤란을 겪은 사례들이 있었죠. 심지어 개그 프로그램에서 한 말 때문에 문제가 된 경우도 있었습니다. 최근에는 이런 문제들을 개선하기 위해 법원이 더욱 신중하게 판단하고 있어요. '표현의 자유'와 '학문의 자유'를 최대한 보장하면서도, 실제로 국가안보를 위협하는 행위는 엄격히 처벌하는 방향으로 바뀌고 있답니다.

독자 과거에는 국가보안법이 어떻게 적용되었나요?

정 변호사 안타깝게도 과거에는 이 법이 본래의 목적과 다르게 사용된 경우들이 있었습니다.

1970~1980년대에는 민주화 운동을 하는 학생들이나 노동운동가들이 이 법으로 처벌받는 일이 많았어요. 예를 들어 '민청학련 사건'에서는 순수한 학생운동을 하던 대학생들이 국가보안법 위반으로 고초를 겪었습니다. 2000년대 들어서도 문제는 있었습니다. 인터넷이 발달하면서 온라인상의 표현이 문제가 되는 경우가 늘었죠. 2004년 '민주노동당 게시판 사건'처럼 인터넷 게시물 때문에 처벌받는 일도 있었답니다. 이런 문제들이 계속되자 1991년에는 헌법재판소가 이 법의 일부 조항에 대해 위헌 결정을 내리기도 했어요. 법이 너무 모호하게 적용되어 시민들의 자유를 침해할 수 있다고 본 거죠. 이러한 과거의 경험들은 우리에게 중요한 교훈을 남겼습니다. 법은 반드시 그 본래 목적인 '국가안보'를 위해서만 사용되어야 하며, 다른 목적으로 남용되어서는 안 된다는 것을 배운 거예요.

독자 최근에는 국가보안법이 어떻게 적용되고 있나요?

정 변호사 디지털 시대를 맞아 국가보안법의 적용 양상이 많이 달라졌습니다. 가장 큰 변화는 온라인 공간에서의 적용 사례가 늘어난 것입니다. SNS에서 북한 선전물을 '좋아요' 누르거나 공유하는 것도 문제가 될 수 있어요. 예를 들어, 유튜브에 북한 관련 영상을 올리다가 처벌받은 사례도 있었죠. 다만, 단순 호기심으로 한 번 공유한 정도는 무죄를 받는 등 법원의 판단이 과거보다더 신중해졌습니다. 또한 새로운 기술발전으로 인한 도전과제들도 생겼어요. 암호화폐를 이용한 불법 자금 거래나, 해외 서버를 통한 우회 접속, AI나 딥페이크 기술을 이용한 허위정보 유포 같은 문제들이죠. 이런 새로운 형태의 위협에 대응하기 위해 법 적용 방식도 계속 발전하고 있답니다.

독자 무고한 사람이 국가보안법으로 피해를 입으면 어떻게 구제받을 수 있나요?

정 변호사 억울한 피해자들을 위한 여러 가지 구제 방법이 있습니다. 첫째, '재심 청구'를 할 수 있어요. 재심이란 이미 끝난 재판을 다시 받게 해주는 제도입니다. 새로운 증거가 발견되거나, 수사 과정에서 불법이 있었다는 것이 밝혀지면 재심을 신청할 수 있죠. 마치 시험에서 채점 실수가 있었을 때 재채점을 요구하는 것과 비슷해요.

둘째, '과거사정리위원회'를 통한 구제가 있습니다. 과거에 국가권력에 의해 부당한 피해를 입은 사람들의 진실을 밝히고 명예를 회복시켜 주는 제도예요. 실제로 많은 국가보안법 피해자들이 이 제도를 통해 구제받았답니다.

셋째, '국가배상청구'를 할 수 있습니다. 국가의 잘못된 법 집행으로 피해를 입었다면, 국가를 상대로 손해배상을 청구할 수 있어요. 예를 들어 부당한 구금으로 인한 정신적 고통이나 경제적 손실을 보상받을 수 있죠.

중요한 것은, 이런 구제 제도들이 있다는 것을 많은 분들이 모르신다는 거예요. 혹시라도 주변에 피해를 입은 분이 계시다면, 법률전문가와 상담해 보시는 것을 추천드립니다.

| 국가보안법은 진화가 가능할까 |

독자 북한과의 관계 개선으로 법 적용이 달라질 수 있나요?

정 변호사 네, 남북관계의 변화에 따라 국가보안법의 적용도 유연하게 달라질 수 있습니다.

실제로 2018년 남북정상회담 때는 북한 관련 보도나 정보를 공유하는 것에 대해 법 적용을 더 너그럽게 했어요. 마치 날씨에 따라 옷차림을 달리하는 것처럼, 남북관계가 좋아지면 법 적용도 조금 더 부드러워지는 경향이 있죠. 과거 개성공단이 운영될 때를 보면 이해하기 쉬워요. 그때는 북한 주민들과 만나고 대화하는 것을 폭넓게 허용했답니다. 또 남북이 문화교류를 할 때는 북한 노래를 부르거나 영화를 보는 것도 제한적으로 가능했어요. 이산가족 상봉 때는 북한에 있는 가족들과 연락하는 것도 신축성 있게 허용되었고요.

하지만 한 가지 중요한 점이 있어요. 이런 변화들은 항상 '국가안보'라는 테두리 안에서 이루어진다는 거예요. 쉽게 말해, 창문은 열어두되 방범창은 그대로 두는 것처럼, 교류는 허용하면서도 우리나라의 안전은 지켜야 하는 거죠. 예를 들어 순수한 문화교류나 인도적 지원은 더 쉽게 허용될 수 있지만, 국가안보를 위협할 수 있는 행위는 여전히 엄격하게 다뤄진답니다. 이런 균형 잡힌 접근이 앞으로도 계속될 것으로 보여요.

독자 그렇다면 앞으로 국가보안법은 어떻게 될까요?

정 변호사 국가보안법은 시대의 변화에 맞춰 새로운 모습으로 발전해야 할 시점에 와 있습니다. 우선 디지털 시대에 맞는 변화가 필요해요. 요즘은 전쟁도 사이버 공간에서 벌어지는 시대가 됐거든요. 북한의 해커들이 우리나라의 중요한 시설을 공격하거나, 가상화폐를 훔치는 일이 실제로 일어나고 있답니다. 하지만 현재 법으로는 이런 새로운 위협에 제대로 대응하기 어려워요. 예를 들어, SNS에 올린 글 하나가 수만 명에게 순식간에 퍼지는 상황에서, 어디까지를 불법적인 정보 전파로 볼 것인지 새로운 기준이 필요한 거죠.

남북관계의 변화도 중요한 과제예요. 평창올림픽처럼 남북이 손잡고 협력하는 순간도 있고, 군사적 긴장이 높아지는 때도 있잖아요. 이렇게 롤러코스터 같은 남북관계 속에서 법을 어떻게 적용할지 고민이 필요해요. 특히 앞으로 남북경제협력이 다시 시작된다면, 기업인들의 북한 방문이나 접촉을 어떻게 다룰지도 미리 준비해야 합니다.

마지막으로 국제 사회의 기준에도 맞춰가야 해요. 우리나라는 이제 세계 10위권의 경제대국이자 민주주의 국가잖아요. 하지만 국제 사회에서는 우리나라의 국가보안법이 너무 엄격하다고 지적합니다. 마치 고급 레스토랑에 들어갔는데 운동복을 입고 있는 것처럼 어울리지 않는다는 거죠. UN 인권위원회도 우리 법(국가보안법)이 표현의 자유를 너무 많이 제한한다고 여러 번 권고했어요.

독자 결국 우리가 해야 할 일은 무엇일까요?

정 변호사 우리 모두의 지혜를 모아 더 나은 법을 만들어가야 해요. 1948년에 만들어진 국가보안법이 2024년의 현실에 맞지 않는 부분이 생기는 건 당연합니다. 마치 오래된 집을 현대식으로 고치는 것처럼, 시대에 맞게 바꿔나가야 해요. 지금 북한의 위협은 전통적인 군사력보다 사이버 공격이나 SNS를 통한 허위정보 유포 같은 새로운 형태로 바뀌고 있어요. 이런 변화된 환경에서 우리는 두 가지를 동시에 해내야 합니다. 하나는 국가의 안전을 확실히 지키는 것이고, 다른 하나는 국민의 자유와 권리도 잘 보호하는 거예요. 쉽게 말해서, 방범창은 튼튼히 설치하되 창문은 활짝 열어 신선한 공기가 마음껏 들어올 수 있게 하는 지혜가 필요한 거죠. 너무 안보만 강조하면 답답하고, 자유만 중시하면 위험할 수 있으니까요. 이 두 가지 사이에서 적절한 균형을 찾는 것, 그것이 바로 우리 시대의 과제입니다.

| 국가보안법 요약 |

①개념

국가보안법은 국가안보와 관련된 범죄를 규제하기 위해 형법의 특별법으로 제정된 법률입니다. 형법상의 내란죄, 외환죄만큼이나 강력한 처벌을 규정하고 있으며, 반국가단체의 활동 및 찬양, 고무, 회원가입 등을 처벌 대상으로 삼고 있습니다.

②역사

국가보안법은 1948년 정부 수립 직후 제정되었습니다. 이후 수차례 개정을 거치면서 그 내용과 적용 범위가 변화해 왔습니다. 특히 1980년대 말 민주화 운동 시기에는 국가보안법 폐지 요구가 높아졌지만, 결국 법 자체는 유지되었습니다.

③내용

국가보안법의 주요 내용은 ▲반국가단체 구성 및 가입 금지 ▲반국가활동 찬양, 고무, 선전 처벌 ▲반국가단체 자금 지원 금지 ▲간첩행위 처벌 ▲특별수사 절차 규정 ▲보안관찰 처분 ▲형법상 유사 범죄보다 가중처벌 등입니다. 특히 이 법은 일반 형사법과 달리 예비·음모죄도 본죄에 준하여 처벌하는 등 처벌 범위가 매우 광범위한 것이 특징입니다.

④찬반 논란 및 핵심 쟁점

국가보안법에 대해서는 오랜 동안 찬반 논란이 계속되어 왔습니다. 찬성 측은 국가안보 유지의 필요성을, 반대 측은 표현의 자유 및 인권 침해 가능성을 주장합니다. 핵심 쟁점은 ▲국가보안법의 존치 필요성 ▲처벌 대상 행위의 범위 ▲법 적용의 공정성과 투명성 등입니다.

⑤사례 및 판례

국가보안법은 과거 권위주의 정권 시절 정치적 탄압 수단으로 악용되었다는 지적이 많습니다. 대표적인 사례로는 1980년대 이른바 '민청학련 사건'과 2004년 '민주노동당 게시판 사건' 등이 있습니다. 한편 헌법재판소는 1990년 국가보안법 제7조(찬양·고무죄)에 대해 한정합헌 결정을 내렸습니다. 즉 "국가의 존립·안전이나 자유민주적 기본질서에 실질적 해악을 끼칠 명백한 위험성이 있는 경우"에만 처벌할 수 있다고 해석하여 법 적용의 범위를 제한했습니다.

⑥핵심 요약

국가보안법은 반국가활동을 처벌하고 국가안보를 지키기 위한 특별법입니다. 하지만 오랜 기간 이 법의 존치 필요성, 처벌 대상의 범위, 적용의 공정성 등을 둘러싼 찬반 논란이 지속되고 있습니다. 과거 권위주의 정권 시절 악용 사례와 헌법재판소의 일부 위헌 결정 등을 고려할 때, 국가보안법의 개선 방향에 대한 사회적 합의가 필요해 보입니다.

민주주의의 파수꾼, 정의의 마지막 보루 _헌법재판소법

2024년 12월 이후, 대한민국은 또 한 번 중대한 헌정 사건을 마주했습니다. 윤석열 대통령의 비상계엄 선포와 국회의 계엄 해제 결의, 그리고 이어진 탄핵소추에서 대통령의 파면까지. 이런 상황은 2017년 3월을 떠올리게 합니다. 당시 헌법재판소는 박근혜 대통령 탄핵 심판을 통해 우리나라가 진정한 '법치주의 국가'임을 전 세계에 증명해 보였죠. 많은 사람들은 헌법재판소를 이런 굵직한 국가적 사건을 다루는 특별한 법원으로만 생각하실 수 있습니다.

하지만 실제로는 우리의 일상 속에서도 끊임없이 시민들의 권리를 지키고 있답니다. 초등학생 자녀를 둔 직장인 어머니가 회사에서 무리한 야간근무를 강요받을 때도, 군대에서 부당한 대우를 받은 젊은 장병이 도움을 요청할 때도, 갑작스러운 정부 정책으로 피해를 입은 동네 가게 주인의 생계가 위협받을 때도 헌법재판소는 우리 편에서 권리를 지켜주고 있습니다. 마치 축구 경기에 심판이 필요하듯, 국가 운영에도 '공정한 심판'이 필요합니다. 특히 지금처럼 비상계엄 선포와 같은 중대한 국가권력의 행사가 헌법에 맞는지, 국민의 기본권을 침해하지는 않는지 판단하는 것은 매우 중요한 일이죠. 우리나라는 과거 군사독재 시절, 비상계엄이라는 이름으로 국민의 기본권이 심각하게 침해된 아픈 역사가 있습니다. 그렇기에 헌법재판소의 역할은 더욱 중요합니다. 어떤 권력도 헌법과 법률의 테두리를 벗어나지 못하도록 감시하고, 시민의 권리를 지키는 마지막 보루가 되어주기 때문입니다.

이제 우리는 헌법재판소가 어떻게 시민의 권리를 지키는지, 그 구체적인 이야기를 해보려 합니다. 우리의 민주주의를 지키는 든든한 수호자, 헌법재판소에 대해 하나씩 알아가 보겠습니다.

| 민주주의 수호의 사명, 헌법재판소법 |

독자 탄핵국면에서 헌법재판소의 역할이 매우 중요한 것 같습니다. 헌법재판소는 언제부터 있었나요?

정 변호사 현재의 헌법재판소는 1988년에 설립되었습니다. 이는 1987년 민주화 항쟁의 결실로, 우리나라가 진정한 민주주의 국가로 거듭나는 과정에서 만들어진 중요한 제도입니다.

독자 그전에는 없었던 건가요?

정 변호사 1988년 이전에도 '헌법위원회'라는 기관이 있긴 했습니다. 하지만 당시에는 정부의 영향력 아래 있어서 독립적인 결정을 내리기 어려웠어요. 쉽게 말하면 진짜 권한은 없고 이름만 있는 기관이었죠. 예를 들어, 1961년부터 1988년까지 27년 동안 헌법위원회가 위헌이라고 결정한 법률이 단 한 건도 없었다는 점이 이를 잘 보여줍니다. 권위주의 정부 시절에는 행정부의 눈치를 보느라 제대로 된 역할을 하지 못했던 거죠. 그러다가 1987년 민주화 이후, 국민의 기본권을 확실히 보장하고 헌법질서를 지키기 위해 독립적인 권한을 가진 지금의 헌법재판소가 설립되었습니다. 이는 우리나라 민주주의 역사에서 매우 중요한 전환점이 되었죠.

독자 왜 헌법재판소가 필요했나요?

정 변호사 아주 좋은 질문입니다. 국가나 정부가 국민의 권리를 침해할 때 이를 바로잡아줄 최종 심판자가 필요합니다. 그 역할을 하는 곳이 바로 헌법재판소입니다. 특히 과거 군사독재 시절에는 정부가 국민의 기본적인 권리를 자주 침해했지만, 이를 제대로 견제할 기관이 없었어요. 그래서 민주화 이후에 '국민의 권리를 지키는 파수꾼'이자 '헌법을 지키는 최후의 보루'로서 헌법재판소가 만들어진 것입니다.

독자 어떤 과정을 거쳐 진화해 왔을까요?

정 변호사 헌법재판소는 시대의 요구에 맞춰 꾸준히 발전해 왔습니다. 처음 문을 연 1988년에는 민주화의 열기 속에서 과거 군사정권의 잘못된 법과 제도들을 바로잡는 일부터 시작했어요. 국가보안법의 일부 조항을 위헌으로 결정하고, 토지 거래의 자유를 제한하던 법률도 바로잡았죠. 2000년대에 들어서면서는 더 적극적인 역할을 하기 시작했습니다. 2004년에는 신행정수도 이전 법률을 위헌이라고 결정했고, 2017년에는 박근혜 전 대통령에 대한 탄핵을 인용하는 등 중요한 결정들을 내렸습니다. 2011년에는 큰 변화가 있었는데, 일반 법원의 재판도 제한적이기는 하나 헌법소원의 대상이 될 수 있도록 제도가 확대되었습니다. 쉽게 말해서 법원의 판결이 헌법에 어긋난다고 생각되면 이에 대해서도 다시 한 번 헌법재판소의 판단을 받을 수 있게 된 거죠. 최근 2024년 12월 대통령의 계엄 선포를 둘러싼 헌정 위기 상황에서도 중요한 역할을 하고 있습니다. 이처럼 헌법재판소는 우리 사회의 중요한 갈등을 해결하고 민주주의를 지키는 역할을 계속해서 수행하고 있습니다.

독자 다른 나라의 헌법재판소와 비교하면 어떤가요?

정 변호사 나라마다 헌법재판 제도가 조금씩 다른데, 크게 세 가지 유형으로 나눌 수 있습니다.

우선 우리나라와 비슷한 형태로 독립된 헌법재판소를 둔 나라들이 있어요. 대표적으로 독일, 오스트리아가 있죠. 특히 우리나라는 독일의 제도를 많이 참고했습니다. 이런 방식은 헌법 관련 사건만 전문적으로 다루기 때문에 더 전문성 있고 신속한 판단이 가능하다는 장점이 있어요.

두 번째로 미국이나 일본처럼 일반 법원, 특히 대법원에서 헌법재판을 담당하는 나라들이 있습니다. 이런 방식은 별도의 기관을 만들 필요가 없어 효율적이지만, 일반 재판과 헌법재판을 함께 처리하다 보니 판단이 늦어질 수 있다는 단점이 있죠.

프랑스는 또 다른 방식을 택했는데, '헌법평의회'라는 기관을 두고 법률이 시행되기 전에 미리 위헌 여부를 심사합니다. 사전에 문제를 예방할 수 있다는 장점이 있지만, 이미 시행 중인 법률의 문제점은 바로잡기 어렵다는 한계가 있어요.

우리나라의 헌법재판소는 이중에서도 가장 적극적으로 활동하는 편입니다. 예를 들어, 대통령 탄핵이나 정당 해산과 같은 중요한 결정들을 신속하게 처리했고, 국민의 기본권을 보호하는 데도 앞장서고 있죠. 특히 일반 국민이 직접 헌법소원을 청구할 수 있는 제도는 우리나라 헌법재판소의 큰 특징이에요.

독자 헌법재판소는 어떤 사람들이 일하나요?

정 변호사 헌법재판소는 9명의 재판관이 팀을 이뤄 일합니다. 마치 축구팀처럼 각자의 역할이 있으면서도 함께 협력해서 중요한 결정을 내리죠. 재판관은 세 군데에서 골고루 추천합니다. 대통령이 3명을 지명하고, 국회에서 3명을 선출하며, 대법원장이 3명을 지명해요. 이렇게 서로 다른 곳에서 추천하는 이유는 한쪽의 의견만 반영되지 않도록 균형을 맞추기 위해서입니다. 재판관들 중 한 명은 헌법재판소장이 되어 전체를 이끌어가는데, 대통령이 국회의 동의를 받아 임명합니다. 마치 학교에서 교장 선생님이 전체 학교를 이끄는 것처럼요.

독자 아무나 재판관이 될 수 있나요?

정 변호사 아니죠, 헌법재판관이 되기 위해서는 정말 까다로운 자격 요건들이 있습니다. 우선 판사, 검사, 변호사로 15년 이상 일한 경험이 있어야 해요. 또한 40세 이상이어야 하고, 무엇보다 올바른 판단을 할 수 있는 높은 도덕성과 전문성을 갖춰야 합니다. 이

것은 학교 교장 선생님이 되기 위해 오랜 교육 경험과 자격이 필요한 것과 비슷해요. 우리 사회의 중요한 결정을 내리는 만큼, 충분한 경험과 지혜를 가진 분들이 맡아야 하기 때문이죠. 재판관들은 6년 동안 일하게 되는데, 이 기간 중에는 어느 누구의 간섭도 받지 않고 오직 헌법과 양심에 따라 판단을 하게 됩니다. 이를 통해 공정하고 중립적인 결정을 내릴 수 있는 것이죠.

독자 헌법재판소가 정치적 중립성을 지키기 위해 어떤 노력을 하나요?
정 변호사 헌법재판소는 여러 가지 제도적 장치와 노력을 통해 정치적 중립성을 지키고 있습니다. 먼저, 재판관들의 신분이 철저하게 보장됩니다. 재판관들은 6년이라는 임기 동안 누구의 압력이나 간섭 없이 독립적으로 일할 수 있어요. 마치 심판이 경기 도중에 선수들이나 관중의 압박에 흔들리지 않고 공정하게 판정을 내리는 것처럼요. 또한 재판관들은 재임 중에 정당 가입이나 정치활동이 철저히 금지됩니다. 어떤 정치적 편향도 보여서는 안 되기 때문이죠. 중요한 결정을 내릴 때는 9명의 재판관 중 최소 6명 이상이 찬성해야 합니다. 이것은 소수의 의견으로 중요한 결정이 이루어지는 것을 막고, 더 신중하고 균형 잡힌 판단을 하기 위해서입니다. 게다가 재판 과정은 모두 공개되고 결정문에는 반대 의견도 함께 실립니다. 마치 학교에서 학생회 회의 내용을 모두에게 알리는 것처럼, 투명하게 운영하여 국민의 신뢰를 얻으려 노력하고 있죠. 특히 최근에는 중요한 재판을 인터넷으로 생중계하기도 하고, 쉬운 말로 된 결정문 요약본을 제공하는 등 국민들이 헌법재판소의 결정 과정을 더 잘 이해할 수 있도록 노력하고 있습니다.

| 헌법재판소법의 역할과 난제 |

독자 헌법재판소는 정확히 어떤 일을 하나요?

정 변호사 헌법재판소는 크게 다섯 가지 중요한 일을 하는데, 일상 생활의 예시를 들어가며 설명해 드릴게요.

첫째로, 법률이 헌법에 맞는지 확인하는 '위헌법률심판'을 해요. 이 것은 마치 학교에서 "점심시간에는 무조건 급식만 먹어야 한다"는 규칙이 학생의 기본적인 선택권을 너무 침해하는 것은 아닌지 검토하는 것과 비슷해요. 국회에서 만든 법률이 국민의 기본권을 지나치게 제한할 때, 헌법재판소가 나서서 바로잡아주는 거죠.

둘째로, '헌법소원심판'이라고 해서 국민이 직접 자신의 권리 침해를 호소할 수 있어요. 예를 들어, 학교 근처 200미터 내에서는 어떤 가게도 못 하게 하는 법 때문에 생계에 어려움을 겪는 분들이 도움을 요청할 수 있는 거예요. 이건 말 그대로 '국민의 억울함을 풀어주는 제도'라고 할 수 있죠.

셋째로, '탄핵심판'을 통해 대통령이나 고위공직자가 심각한 잘못을 했을 때 그 자리에서 물러나게 할지를 결정해요. 학급 회장이 큰 잘못을 했을 때 회장 자격을 박탈하듯이, 중요한 자리에 있는 분들의 책임을 묻는 거예요.

넷째로, '정당해산심판'을 통해 민주주의의 기본 질서를 위협하는 정당을 해산할지 결정해요. 2014년 통합진보당 해산 결정이 대표적인 사례인데, 이는 우리나라의 민주주의를 지키기 위한 중요한 결정이었죠.

마지막으로, '권한쟁의심판'이라고 해서 국가기관들 사이의 다툼을 해결해요. 운동회 때 체육부장과 학생회장이 "응원전은 내가 담당해야 해!"라고 서로 다투면 선생님이 조정해 주듯이, 국가기관들 사이에서 일의 책임 소재를 가려주는 거예요.

이렇게 헌법재판소는 우리 사회에서 발생하는 다양한 헌법적 갈등을 해결하고, 국민의 기본권을 보호하는 중요한 역할을 하고 있답니다.

독자 헌법재판소가 결정을 내리면 모두가 따라야 하나요?

정 변호사 네, 헌법재판소의 결정은 우리나라에서 가장 강력한 법적 효력을 가지고 있어요. 그래서 헌법재판소를 '민주주의의 최후의 보루'라고 부르기도 합니다. 헌법재판소의 결정은 한번 내려지면 아무도 바꿀 수 없어요. 일반 법원의 재판은 항소나 상고를 통해 결과가 바뀔 수 있고, 심지어 대법원의 판결도 특별한 경우에는 재심을 통해 바뀔 수 있지만, 헌법재판소의 결정은 절대적이에요. 마치 운동회에서 심판 선생님이 내린 최종 판정을 아무도 바꿀 수 없는 것처럼요. 또한 헌법재판소의 결정은 모든 국가기관이 반드시 따라야 합니다. 대통령이나 국회, 법원은 물론이고 지방자치단체나 교육청 같은 기관들도 예외 없이 지켜야 해요. 이는 마치 학교에서 교장 선생님이 내린 중요한 결정을 모든 선생님과 학생들이 따르는 것과 비슷하죠. 특히 법률이 위헌으로 결정되면, 그 법률은 효력을 잃게 되고 더 이상 사용할 수 없게 됩니다. 예를 들어, 2021년에 헌법재판소가 '부동산 임대차보호법'의 일부 조항이 위헌이라고 결정했을 때, 해당 조항은 즉시 효력을 잃었고 정부와 국회는 새로운 법을 만들어야 했어요. 이처럼 헌법재판소의 결정은 우리 사회의 잘못된 부분을 바로잡고, 국민의 기본권을 지키는 가장 강력한 수단이 되고 있답니다.

독자 그동안 헌법재판소가 내린 중요한 결정들은 어떤 게 있나요?
정 변호사 헌법재판소는 우리의 일상생활에 큰 영향을 미치는 많은 결정들을 내려왔어요. 몇 가지 의미 있는 사례를 말씀드릴게요. 가장 대표적인 것이 2005년의 호주제 폐지 결정입니다. 예전에는 남자만이 집안의 대표가 될 수 있다는 호주 제도가 있었는데, 헌법재판소는 이것이 남녀 차별적이라고 판단했어요. 이 결정 덕분에 지금은 가족관계가 더욱 평등하게 바뀌었답니다. 또 군대 가산점 제도와 관련된 결정도 있었어요. 공무원 시험에서 군대를 다녀온 사람에게만 특별한 점수를 주는 것은 여성과 장애인에 대한 차별이라고 판단했죠. 이를 통해 더 공정한 시험 제도가 만들어졌어요. 학교생활과 관련해서는 초등학생의 두발 자유를 인정한 결정이 있어요. 학교가 학생의 머리 모양을 지나치게 제한하는 것은 학생의 개성과 자유를 침해한다고 본 거죠. 이제는 많은 학교에서 학생들이 자유롭게 머리 모양을 선택할 수 있게 되었답니다.

독자 구체적으로 어떤 점에서 우리 생활과 관련이 있나요?

정 변호사 우리의 일상생활과 직접 관련된 결정들도 많이 있어요. 예를 들어, PC방이나 노래방의 심야영업 제한에 대한 결정이 있었어요. 영업의 자유도 중요하지만, 청소년들의 건강한 성장과 주민들의 평온한 수면권도 고려해야 한다고 판단했죠. 이처럼 헌법재판소는 서로 다른 권리가 충돌할 때 신중하게 판단하여 균형을 맞추고 있어요. 집회와 시위에 관한 결정도 흥미로워요. 집회의 자유는 중요한 기본권이지만, 다른 사람들의 일상생활을 과도하게 방해해서는 안 된다고 했습니다. 이처럼 헌법재판소는 우리 생활 속 다양한 갈등 상황에서 서로의 권리를 조화롭게 보호하는 역할을 하고 있답니다.

독자 최근 계엄 사태에서 헌법재판소의 역할은 무엇인가요?

정 변호사 최근 우리나라에서 일어난 계엄 관련 사태를 통해 헌법재판소의 중요한 역할을 설명해 드릴게요. 2024년 12월 3일, 윤석열 대통령이 비상계엄을 선포했죠. 이에 국회는 긴급하게 소집되어 비상계엄 해제 결의를 했고, 이에 대통령이 계엄 해제를 발표해야만 했습니다. 또한 국회는 대통령의 부적절한 계엄령 선포에 대해 탄핵소추를 의결했고, 헌법재판소가 이 사안을 심리하였습니다. 이런 상황에서 헌법재판소의 역할이 특히 중요해요. 헌법재판소는 대통령의 탄핵심판을 통해 계엄령 선포가 헌법과 법률에 위배되는지, 대통령이 헌법상 책무를 위반했는지를 판단하게 됩니다. 이는 마치 학교에서 학생회장이 부당한 결정을 내렸을 때, 선생님들로 구성된 교사회의에서 그 책임을 묻는 것과 비슷하죠.

헌법재판소의 결정은 우리나라 민주주의의 미래에 매우 중요한 영향을 미칠 수 있어요. 왜냐하면 이번 결정은 앞으로 대통령의 권한 행사가 어떤 한계를 가져야 하는지, 그리고 국민의 기본권을 어떻게 보호해야 하는지에 대한 중요한 기준이 될 거예요. 특히 이번 사태를 통해 우리는 계엄과 관련된 헌법재판소의 세 가지 중요한 역할을 배웠어요. 첫째는 계엄령 선포의 정당성을 심사하는 역할, 둘째는 국민의 기본권이 부당하게 제한되지 않도록 감시하는 역할, 셋째는 권력 남용에 대해 책임을 묻는 역할 등입니다. 이처럼 헌법재판소는 어려운 시기에 민주주의와 법치주의를 지키는 최후의 보루로서 그 역할을 다하고 있답니다.

독자 일반인들도 헌법재판소에 도움을 요청할 수 있나요?

정 변호사 네, 물론이에요! 헌법재판소는 국민 누구나 이용할 수 있는 '권리 지킴이' 같은 곳이에요. 다만, 도움을 요청할 때는 몇 가지 중요한 사항들을 알아둘 필요가 있어요. 먼저, 헌법소원은 국가기관이 여러분의 권리를 침해했을 때 신청할 수 있어요. 예를 들어, 학교나 구청 같은 공공기관이 부당한 결정을 내려서 여러분의 권리가 침해됐다면 도움을 요청할 수 있죠. 하지만 반드시 다른 해결 방법을 모두 시도해 본 뒤에 신청해야 해요. 마치 학교에서 담임 선생님, 교감 선생님, 교장 선생님 순서로 문제 해결을 시도하는 것처럼요.

또한 시간제한도 있어요. 권리를 침해당한 날로부터 90일 이내에 신청해야 하니 서두르는 것이 좋겠죠. 상당히 전문적인 분야이므로 신청할 때는 반드시 변호사의 도움을 받아야 하고, 자신의 권리가 어떻게 침해됐는지 자세히 설명하고 이를 증명할 수 있는 자료도 함께 제출해야 해요.

독자 앞으로 헌법재판소가 해결해야 할 과제들은 무엇인가요?

정 변호사 디지털 시대가 되면서 헌법재판소 앞에는 새롭고 흥미로운 과제들이 놓여 있어요. 예를 들어, AI가 우리 생활에 깊숙이 들어오면서 발생하는 새로운 권리 문제들이 있어요. AI가 만든 작품의 저작권은 누구에게 있는지, AI가 내린 결정으로 피해를 입었을 때는 누구에게 책임을 물어야 하는지 같은 문제들이죠.

또한 개인정보 보호 문제도 매우 중요해졌어요. SNS나 인터넷 사용이 일상화되면서 우리의 개인정보가 어떻게 보호되어야 하는지, 디지털 기술의 발전과 프라이버시 보호를 어떻게 조화시킬 것인지도 큰 과제예요.

환경권 보호도 앞으로 더욱 중요해질 거예요. 기후변화로 인한 환경 문제가 심각해지면서, 깨끗한 환경에서 살 권리를 어떻게 지킬 것인지도 헌법재판소의 앞으로의 문제가 될 것입니다.

이처럼 헌법재판소는 변화하는 시대에 맞춰 새로운 도전과제들을 지혜롭게 해결해 나가고 있어요. 우리의 권리를 더 잘 보호하기 위해 끊임없이 고민하고 발전하는 중이랍니다.

| 헌법재판소법의 의의와 의미 |

독자 결국 헌법재판소는 우리 민주주의의 최후 보루인가요?

정 변호사 네, 그렇습니다. 헌법재판소는 우리나라 민주주의를 지키는 가장 마지막이자 가장 중요한 보루예요. 최근의 계엄령 사태만 보더라도 그 중요성을 잘 알 수 있죠. 헌법재판소는 마치 우리 사회의 든든한 수문장과 같아요. 권력자가 아무리 강해도, 다수의 의견이 아무리 거세더라도, 헌법과 기본권을 침해한다면 이를 바로잡을 수 있는 곳이 바로 헌법재판소입니다.

특히 세 가지 측면에서 헌법재판소의 역할이 매우 중요해요. 첫째, 권력 간의 균형을 지켜요. 대통령이나 국회가 너무 과도한 권한을 행사하려 할 때 이를 견제할 수 있어요. 마치 운동경기의 심판처럼 공정한 규칙이 지켜지도록 감시하는 거죠. 둘째, 소수자의 권리를 보호해요. 다수결의 원칙이 중요하지만, 그것이 소수의 권리를 침해해서는 안 된다는 걸 지켜주는 파수꾼이에요. 셋째, 헌법적 가치를 지켜요. 민주주의, 인권, 법치주의와 같은 우리 사회의 근본 가치들이 훼손되지 않도록 보호하고 있죠.

대통령 탄핵심판 사건에서도 볼 수 있듯이, 헌법재판소는 우리나라의 민주주의가 위기에 처했을 때 이를 바로잡을 수 있는 마지막 보루로서의 역할을 하고 있어요. 하지만 헌법재판소 혼자만의 힘으로는 민주주의를 지킬 수 없어요. 우리 모두가 민주시민으로서 헌법적 가치를 이해하고 지켜나가려는 노력이 필요해요. 우리 모두가 함께 노력할 때 진정한 민주주의가 꽃필 수 있답니다.

독자 헌법재판소법의 의미나 역사에 대해 학습하는 뜻깊은 시간이었던 것 같습니다. 마지막으로 이 법의 필요성과 의의에 대해 정리해 주신다면요.

정 변호사 헌법재판소는 우리 사회의 나침반과도 같습니다. 때로는 거센 풍랑을 만나고, 때로는 안개 속을 항해해야 할 때도 있지만,

언제나 헌법이라는 북극성을 바라보며 우리 사회의 올바른 방향을 제시해 주고 있습니다. 최근의 계엄 사태에서 보듯이, 민주주의가 위기를 맞을 때마다 헌법재판소는 우리 사회의 마지막 보루로서 그 역할을 다해 왔습니다. 마치 거대한 등대처럼, 어두운 밤바다에서도 우리가 나아가야 할 길을 밝혀주고 있죠.

하지만 헌법재판소가 혼자서 민주주의를 지킬 수는 없습니다. 우리 모두가 헌법적 가치를 이해하고 실천하는 민주시민이 되어야 합니다. 청소년들도 학교에서 배우는 민주주의의 원칙들을 생활 속에서 실천하고, 서로의 권리를 존중하며 성장해 나가야 합니다.

디지털 시대를 맞아 새로운 도전과제들이 등장하고 있지만, 인간의 존엄성과 기본권을 지키는 헌법재판소의 근본 가치는 변함없을 것입니다. 우리 모두가 함께 노력한다면, 더욱 성숙한 민주주의 사회로 나아갈 수 있을 것입니다. 헌법재판소는 앞으로도 정의와 자유, 평등이라는 헌법적 가치를 지키며, 우리나라 민주주의의 수호자로서 그 소임을 다할 것입니다. 이것이 바로 우리 모두가 더 나은 미래를 향해 함께 걸어가는 길이 될 것입니다.

| 헌법재판소법 요약 |

①개념

헌법재판소법은 대한민국 헌법을 수호하는 헌법재판소의 조직, 권한, 심판 절차를 규정한 법률입니다. 국가기관의 권력 행사가 헌법에 부합하는지 심사하고, 국민의 기본권을 보호하는 역할을 수행하는 근거법이 됩니다. 특히 위헌법률심판, 탄핵심판, 헌법소원 등을 통해 헌법질서를 수호하고 있습니다.

②역사

1988년 민주화의 결실로 제정된 헌법재판소법은 권위주의 시대를 벗어나 민주주의를 정착시키는 중요한 전환점이 되었습니다. 2011년 헌법소원의 대상 확대, 2020년 선거 관련 심판 절차 보완 등 시대적 요구를 반영하며 발전해 왔습니다. 2024년 12월 3일, 대통령의 비상계엄 선포와 이에 따른 탄핵소추 사태에서 보듯이, 헌법재판소법은 우리 민주주의를 지키는 최후의 보루로서 그 중요성이 더욱 부각되고 있습니다.

③내용

헌법재판소법의 주요 내용은 크게 네 가지로 구분됩니다. 첫째, 헌법재판관의 자격과 임명 절차에 관한 규정입니다. 둘째, 위헌법률심판, 탄핵심판, 정당해산심판, 권한쟁의심판, 헌법소원심판 등 헌법재판소가 담당하는 심판의 종류와 범위입니다. 셋째, 각 심판 유형별 구체적인 절차와 방법입니다. 넷째, 헌법재판소 결정의 효력과 집행에 관한 규정입니다.

④찬반 논란 및 핵심 쟁점

헌법재판소의 권한과 역할을 둘러싸고 중요한 논쟁이 계속되고 있습니다. 찬성 측은 기본권 보호와 헌법 수호를 위해 헌법재판소의 적극적 역할이 필요하다고 주장합니다. 반면 신중론자들은 사법부의 과도한 개입이 민주주의 원리와 삼권분립을 해칠 수 있다고 우려합니다. 특히 헌법재판소의 판단 기준, 심판 범위, 결정의 구속력 등이 주요 쟁점으로 떠오르고 있습니다.

⑤사례 및 판례

헌법재판소는 우리 사회의 중대한 변화를 이끌어온 여러 결정들을 내렸습니다. 2017년 박근혜 전 대통령 탄핵 인용으로 법치주의를 수호했고, 2019년 낙태죄 헌법불합치 결정으로 여성의 자기결정권을 인정했습니다. 2018년에는 양심적 병역거부자의 대체복무제 도입을 이끌어냈으며, 선거구 획정 기준을 제시하여 선거 제도의 민주성을 강화했습니다. 이러한 결정들은 우리 사회의 민주주의와 기본권 신장에 큰 기여를 했습니다.

⑥핵심 요약

헌법재판소법은 민주주의와 법치주의를 수호하는 핵심 법률입니다. 특히 2024년 12월 계엄 선포로 인한 헌정 위기 상황에서 보듯이, 이 법은 국가권력의 남용을 막고 국민의 기본권을 보호하는 최후의 보루 역할을 합니다. 헌법재판소의 독립성과 전문성을 보장하고, 구체적인 심판 절차를 규정함으로써 우리나라 민주주의의 건강한 발전을 이끌어가고 있습니다.

Part 2

시민의
권리와 안전

가족법의 새로운 이정표 _구하라법

우리는 지금 전통적 가족관계가 빠르게 변화하는 시대를 살고 있습니다. 혈연관계라는 형식적 틀보다 실질적인 양육과 돌봄의 가치가 더욱 중요해지고 있는 것이죠. 이러한 변화 속에서 2019년 발생한 고(故) 구하라 씨의 안타까운 사례는 우리 사회에 깊은 울림을 주었습니다. 구하라 씨의 사망 후, 생전에 양육을 거부했던 친모가 상속권을 주장하면서 큰 논란이 일었습니다. 이는 단순한 상속 문제를 넘어 "진정한 가족의 의미는 무엇인가?"라는 근본적인 질문을 우리 사회에 던졌습니다.

이러한 배경에서 탄생한 것이 바로 '구하라법'입니다. 정식 명칭은 '민법 제1057조의2(기여분) 및 제1001조(상속인의 결격사유) 개정안'으로, 자녀를 양육하지 않은 부모의 상속권을 제한하고 실질적 양육자의 권리를 보호하는 획기적인 법안입니다. 구하라법의 핵심은 '책임'과 '보호'에 있습니다. 부모라는 이유만으로 무조건적인 상속권을 인정하는 것이 아니라, 양육 의무 이행이라

는 책임을 다했는지를 따져 상속권을 제한할 수 있게 했습니다. 또한 실질적

으로 피상속인을 돌본 양육자의 기여를 인정하여 정당한 권리를 보장하고 있

습니다.

이 특별법의 제정(정확히는 개정)은 우리 사회가 가족관계를 바라보는 시각

이 변화했음을 보여주는 상징적인 사건입니다. 형식적 혈연관계보다 실질적

인 양육과 돌봄의 가치를 중시하는 새로운 패러다임을 제시했기 때문입니다.

| 실질적인 양육과 돌봄의 가치 중시, 구하라법 |

독자 구하라법의 정확한 법률 이름은 무엇인가요?

정 변호사 구하라법은 언론과 대중들이 붙인 별칭이고, 정확한 법률 명칭은 '민법 제1057조의2(기여분)와 제1001조(상속인의 결격사유) 개정안'입니다. 이 법이 '구하라법'이라고 불리게 된 것은 2019년 고 구하라 씨의 안타까운 사연이 직접적인 계기가 되었기 때문입니다. 구하라 씨가 세상을 떠난 후, 생전에 양육을 포기하고 연락도 하지 않았던 친모가 갑자기 나타나 상속권을 주장하면서 큰 사회적 논란이 되었습니다. 많은 분들이 오해하시는 부분이 있는데, 구하라법은 연예인만을 위한 특별법이 아닙니다. 이는 우리나라 모든 국민에게 적용되는 민법의 일부를 개정한 것으로, 자녀를 키우지 않은 부모의 상속권을 제한하고 실제로 돌봄과 양육을 담당한 사람의 권리를 보호하는 법입니다. '김영란법'이나 '윤창호법'같이 시민들이 쉽게 기억할 수 있도록 붙여진 별칭이지만, 이 법의 진정한 의미는 가족관계에서 형식적인 혈연관계보다 실질적인 양육과 돌봄의 가치를 더 중요하게 여기겠다는 것입니다.

독자 구하라법이 만들어진 배경이 궁금해요. 왜 이런 법이 필요했던 건가요?

정 변호사 구하라법이 만들어진 직접적인 계기는 2019년 고 구하라 씨의 안타까운 사례였습니다. 구하라 씨가 세상을 떠난 후, 어린 시절 그를 버리고 떠났던 친모가 20년 만에 갑자기 나타나 상속을 주장했죠. 구하라 씨의 친모는 딸이 세 살 때 가정을 떠났고, 이후 양육비도 전혀 지원하지 않았으며 연락도 하지 않았습니다. 하지만 법률상으로는 이런 경우에도 부모의 상속권을 제한할 수 있는 근거가 없었습니다. 자녀를 돌보지 않은 부모라 할지라도 혈연관계만 있다면 당연히 상속인이 될 수 있었기 때문입니다. 이 사건은 우리 사회에 큰 충격을 주었습니다. "진정한 부모란 무엇인가?" "단순히 피를 나눴다는 이유만으로 부모의 권리를 인정해야 하는가?"라는 근본적인 질문을 던졌기 때문입니다. 특히 우리 사회에서 이혼과 재혼이 증가하고, 한 부모 가정이나 조손 가정도 늘어나면서 전통적인 가족 개념이 많이 변화했습니다. 혈연관계보다는 실제로 자녀를 양육하고 돌보는 것이 더 중요하다는 인식이 커졌죠. 결국 이러한 사회적 공감대를 바탕으로 구하라법이 제정되게 되었습니다. 이 법은 단순히 한 연예인의 사연을 계기로 만들어진 것이 아니라, 변화하는 우리 시대의 가족 관계와 부모의 책임에 대한 새로운 기준을 제시했다는 점에서 큰 의미가 있습니다.

독자 이 법은 언제부터 시행되나요? 입법 과정은 어떻게 진행되었나요?

정 변호사 구하라법은 2026년 1월부터 시행될 예정입니다. 이 법이 만들어지기까지의 과정을 살펴보면, 꽤 오랜 시간이 걸렸습니다. 처음 법안이 제기된 것은 2019년 구하라 씨의 오빠가 "어린 동생을 버리고 가출한 친모가 상속재산의 절반을 받아가려 한다"며 청원을 하면서부터였습니다. 이후 20대와 21대 국회에서도 법안이 발의되었지만 아쉽게도 정쟁 속에서 임기 만료로 폐기되었습니다. 하지만 부양 의무를 다하지 않은 부모가 보상금이나 보험금을 요구하는 비슷한 사례들이 계속 발생하면서, 법 개정의 필요성이 꾸준히 제기되었죠. 결국 2024년 8월 28일, 구하라법이 국회를 통과하게 되었습니다. 특히 이 법은 2024년 4월 25일 이후 개시된 상속 건에도 소급 적용될 수 있다는 점이 중요합니다. 이는 헌법재판소가 직계 존·비속 유류분 조항에 대해 헌법불합치 결정을 내린 시점 이후의 사건들에 대해서도 이 법의 적용을 받을 수 있게 한다는 의미입니다. 이렇게 오랜 논의 끝에 만들어진 구하라법은 우리 사회에서 부모의 책임과 의무에 대한 인식을 새롭게 하는 중요한 전환점이 되었습니다.

독자 구하라법에는 구체적으로 어떤 내용들이 담겨 있나요?

정 변호사 구하라법의 핵심은 부모라도 자녀에 대한 의무를 다하지 않았다면 상속권을 제한할 수 있다는 것입니다. 쉽게 말해, 부모가 자녀를 제대로 돌보지 않았다면 나중에 그 자녀의 재산을 물려받을 권리를 잃을 수 있다는 뜻이죠. 법에서 정한 상속권 제한 사유는 크게 세 가지입니다. 우선 피상속인(돌아가신 자녀)에 대한 부양 의무를 심각하게 지키지 않은 경우입니다. 예를 들어 어린 자녀를 키우지 않고 버리거나, 양육비도 전혀 주지 않은 경우가 이에 해당합니다. 또한 자녀를 학대하거나 심각한 해를 끼치는 등 중대한 범죄를 저지른 경우에도 상속권을 잃을 수 있습니다. 그 외에도 자녀를 매우 부당하게 대우한 경우라면 상속권 제한이 가능합니다.

하지만 이러한 경우에도 상속권이 자동으로 없어지는 것은 아닙니다. 먼저 돌아가신 분이 생전에 유언으로 명시했거나, 다른 상속권자들이 가정법원에 신청해서 법원이 이를 인정해야 합니다. 이때 신청은 이런 사실을 알게 된 날로부터 6개월 안에 해야 하며, 다른 상속권자가 없다면 그다음 순위로 상속받을 수 있는 사람이 신청할 수 있습니다.

이렇게 구하라법은 단순히 부모와 자녀라는 혈연관계만으로 상속권을 주는 것이 아니라, 부모가 실제로 자녀에 대한 책임과 의무를 다했는지를 따져보고 상속권을 결정하도록 했습니다. 이는 진정한 가족의 의미가 무엇인지 다시 한 번 생각하게 하는 의미 있는 변화라고 할 수 있습니다.

| 부모의 상속권에 대한 근본적인 물음 |

독자 양육 의무 불이행은 어떤 기준으로 판단하나요?

정 변호사 양육 의무 불이행을 판단하는 것은 매우 신중하고 꼼꼼한 검토가 필요한 일입니다. 법원은 여러 가지 상황을 종합적으로 살펴보게 되는데요, 구체적으로 어떤 기준들이 있는지 알아보겠습니다.

먼저 가장 기본이 되는 것은 '경제적 부양 의무' 이행 여부입니다. 자녀를 키우는 데 필요한 양육비, 생활비, 교육비 등을 지원했는지를 보는 것이죠. 하지만 단순히 돈을 주지 않았다는 이유만으로 양육 의무를 불이행했다고 판단하지는 않습니다. 자녀에 대한 정서적인 돌봄도 매우 중요한 판단 기준이 됩니다. 예를 들어 자녀와 오랫동안 연락도 하지 않고 관계를 완전히 끊어버린 경우, 또는 자녀가 입학하거나 졸업할 때, 아플 때와 같은 중요한 순간에 전혀 관심을 보이지 않은 경우도 양육 의무 불이행으로 볼 수 있습니다.

법원은 이런 상황들을 판단할 때, 부모가 얼마나 오랫동안 자녀를 방치했는지, 왜 연락이 끊어졌는지, 그리고 특히 자녀가 어려서 보호가 절실히 필요했던 시기였는지 등을 자세히 들여다보게 됩니다. 또한 부모가 양육을 하지 못한 데에 어쩔 수 없는 사정이 있었는지도 함께 고려합니다. 예를 들어볼까요? 만약 부모가 일시적으로 경제적 어려움을 겪어 양육비를 주지 못했더라도, 꾸준히 자녀와 연락하며 사랑과 관심을 보였다면 이는 완전한 양육 의무 불이행으로 보기 어렵습니다. 반면에 돈이 충분히 있었음에도 자녀에게 전혀 관심을 보이지 않고 양육비도 주지 않았다면, 이는 분명한 양육 의무 불이행으로 판단될 수 있습니다. 이처럼 양육 의무 불이행 여부는 한 가지 기준이 아닌, 경제적 지원과 정서적 돌봄을 모두 고려하여 총체적으로 판단하게 됩니다.

독자 기여분 산정은 어떤 방식으로 이루어지나요?

정 변호사 기여분이란 돌아가신 분의 재산을 늘리거나 지키는 데 특별히 도움을 준 사람에게 인정되는 추가 상속분을 말합니다. 쉽게 말해, 더 많은 노력을 기울인 사람에게 더 많은 몫을 주는 제도인데요, 이것이 어떻게 계산되는지 알아보겠습니다.

기여분을 정할 때는 크게 세 가지 측면을 살펴봅니다. 첫째로, 돌아가신 분을 얼마나 성심성의껏 모셨는지를 봅니다. 예를 들어 오랫동안 병간호를 했다거나, 생활비와 병원비를 꾸준히 부담했던 경우가 이에 해당합니다. 둘째로, 재산을 얼마나 잘 관리하고 늘렸는지를 평가합니다. 가업을 도와 집안 재산을 늘리는 데 힘썼거나, 부동산이나 금융 자산을 잘 관리해서 재산 가치를 높인 경우를 의미합니다. 셋째로, 다른 상속인들과 비교했을 때 얼마나 더 많은 노력을 기울였는지도 중요하게 봅니다. 예를 들어 형제자매가 여럿인데 한 자녀만 부모님을 모시며 헌신했다면, 이는 특별한 기여로 인정받을 수 있습니다. 실제로 기여분을 정할 때는 이런 노력들을 구체적으로 살펴봅니다. 얼마나 오랫동안 도움을 주었는지, 그 도움이 얼마나 중요했는지, 실제로 들인 시간과 노력, 비용은 어느 정도였는지 등을 꼼꼼히 따져보는 것이죠. 물론 다른 가족들이 얼마나 도움을 주었는지도 함께 비교합니다.

이러한 여러 상황을 모두 고려해서 법원은 전체 상속재산 중 일정 부분을 기여분으로 인정합니다. 보통은 전체 재산의 10~30퍼센트 정도가 기여분으로 인정되는 경우가 많지만, 상황에 따라 더 많이 인정될 수도 있습니다. 다만 한 가지 중요한 점은, 자녀라면 당연히 해야 할 정도의 부모 봉양이나 집안 재산 관리는 특별한 기여로 인정받기 어렵다는 것입니다. 기여분은 보통의 자녀들이 하는 수준을 넘어서는 특별한 희생과 노력이 있었을 때 인정되는 것이기 때문입니다.

독자 구하라법이 만들어지고 실제로 달라진 점들은 무엇인가요?

정 변호사 2020년부터 논의된 구하라법은 우리 사회에 여러 가지 의미 있는 변화를 가져왔습니다. 가장 큰 변화들을 중심으로 말씀드리겠습니다.

우선 가장 중요한 변화는 부모의 상속권에 대한 인식이 크게 달라졌다는 점입니다. 예전에는 자녀를 제대로 돌보지 않은 부모라도 자녀가 사망하면 당연히 재산을 상속받을 수 있었지만, 이제는 그렇지 않습니다. 부모가 자녀에 대한 의무를 다하지 않았다면 상속인에서 제외될 수 있다는 인식이 널리 퍼지게 되었습니다. 실제 법원 판결에서도 변화가 나타나고 있습니다. 자녀를 학대하거나 양육을 방치한 부모의 상속권을 제한하는 판결들이 나오고 있으며, 이는 부모의 책임과 의무를 강조하는 새로운 흐름을 만들어가고 있습니다.

실제 현장에서도 큰 변화가 있었습니다. 양육비를 지급하지 않거나 자녀를 방치한 부모들이 이전보다 더 적극적으로 양육 의무를 이행하려는 모습을 보이고 있습니다. 특히 이혼 가정에서 비양육자인 부모의 태도 변화가 눈에 띕니다. 양육비 지급을 미루거나 회피하던 부모들이 이제는 더 성실하게 양육비를 납부하는 경향을 보입니다. 자녀와의 관계 유지에도 더 많은 관심을 기울이고 있죠.

사회적으로는 '책임 있는 부모됨'에 대한 논의가 활발해졌습니다. 단순히 혈연관계가 있다고 해서 부모의 권리가 보장되는 것이 아니라, 자녀에 대한 책임과 의무를 다했을 때 비로소 부모로서의 권리도 인정받을 수 있다는 인식이 자리 잡고 있습니다.

법조계에서도 구하라법의 적용 기준을 더욱 구체화하고 명확히 하려는 노력이 계속되고 있습니다. 다양한 사례들이 축적되면서 더 공정하고 합리적인 판단 기준이 만들어지고 있는 것입니다.

이처럼 구하라법은 단순한 법률 개정 이상의 의미를 가지며, 우리 사회의 가족관계와 부모의 책임에 대한 인식을 근본적으로 변화시키고 있습니다. 앞으로도 이러한 변화는 계속될 것으로 보입니다.

| 논란의 중심이 된 구하라법 |

독자 구하라법에 대해 반대하는 의견도 있다고 하던데, 어떤 논란이 있나요?

정 변호사 구하라법을 둘러싼 찬반 논쟁은 매우 뜨거운데요, 양측의 주장과 그 근거들을 균형 있게 살펴보도록 하겠습니다.

먼저 찬성하는 입장에서는 이 법이 꼭 필요한 정의 실현이라고 주장합니다. 자녀를 방치하거나 학대한 부모가 나중에 자녀의 재산을 상속받는 것은 도덕적으로 맞지 않다는 것이죠. 특히 자녀 양육의 책임을 다하지 않은 부모에게 법적 권리를 제한하는 것은 당연하다고 봅니다.

반면 반대하는 측에서는 다음과 같은 우려를 합니다. 우선 혈연관계라는 자연적 질서를 법으로 부정하는 것이 옳은가 하는 근본적인 의문을 제기합니다. 또한 과거의 잘못을 이유로 부모의 권리를 완전히 박탈하는 것이 너무 가혹하다는 의견도 있습니다. 실무적인 측면에서도 논란이 있습니다. '양육 의무 불이행'이나 '학대'의 정도를 어디까지로 볼 것인지, 그 기준이 모호하다는 지적이 있습니다. 예를 들어 경제적 어려움 때문에 일시적으로 양육비를 못 준 경우와 의도적으로 회피한 경우를 어떻게 구분할 것인지가 문제됩니다. 또한 이 법이 가족 간의 관계 회복을 더 어렵게 만들 수 있다는 우려도 있습니다. 부모가 과거의 잘못을 뉘우치고 관계를 회복하고 싶어도, 이미 상속권이 박탈되면 돌이키지 못하게 될 수도 있습니다. 법적 측면에서는 소급 적용의 문제도 제기됩니다. 법 시행 이전의 행위에 대해서도 이 법을 적용하는 것이 법적 안정성을 해칠 수 있다는 지적입니다.

하지만 이러한 논란에도 불구하고, 많은 법조인들은 이 법이 가져온 긍정적 변화에 주목합니다. 부모의 책임과 의무를 강조하고, 건강한 가족관계 형성을 장려하는 효과가 있다는 것이죠. 결국 구하라법을 둘러싼 논란은 '가족'이라는 자연적 관계와 '법적 책임'이라는 사회적 가치 사이의 균형을 어떻게 맞출 것인가의 문제로 볼 수 있습니다. 앞으로도 이런 논의를 통해 더 나은 방향으로 법이 발전해 나갈 것으로 기대됩니다. 물론 이러한 논란은 건설적인 방향으로 이어져야 합니다. 단순히 찬성과 반대의 대립이 아니라, 어떻게 하면 더 공정하고 합리적인 법 적용이 가능할지에 대한 생산적인 논의로 발전되어야 할 것입니다.

독자 구하라법과 유사한 외국의 법 제도는 어떤 것들이 있나요?
정 변호사 세계 여러 나라들도 우리나라의 구하라법과 비슷한 제도들을 운영하고 있습니다. 주요 국가들의 사례를 살펴보면서 어떤 특징이 있는지 알아보겠습니다.

미국의 경우, '부당대우 상속 배제법(Slayer Rule)'이라는 제도가 있습니다. 이는 원래 살인자가 피해자의 재산을 상속받지 못하도록 하는 법이었는데, 최근에는 자녀 학대나 방임한 부모의 상속권도 제한하는 방향으로 확대되고 있습니다. 특히 캘리포니아 주는 아동학대나 방임한 부모의 상속권을 제한하는 구체적인 법률을 가지고 있죠.

영국은 '1975년 상속법'을 통해 법원이 상속 분배를 조정할 수 있는 폭넓은 권한을 가지고 있습니다. 자녀에 대한 부모의 부당한 처우가 있었다면, 법원이 직접 나서서 상속 비율을 조정하거나 상속권을 제한할 수 있습니다.

독일의 경우는 '중대한 비행으로 인한 상속배제' 제도를 운영합니다. 부모가 자녀에 대해 심각한 의무 위반을 했다면 상속권이 제한될 수 있습니다. 특히 독일은 부모의 양육 의무를 매우 중요하게 여기며, 이를 어긴 경우 법적 제재가 따릅니다.

프랑스는 '상속 결격 사유' 제도를 통해 비슷한 효과를 얻고 있습니다. 자녀에 대한 학대나 유기가 있었다면 상속권을 제한할 수 있도록 하고 있죠. 특히 프랑스는 가족 구성원 간의 의무와 책임을 매우 중요하게 여기는 문화가 있습니다.

일본은 우리나라와 비슷한 법체계를 가지고 있지만, 아직 구하라법과 같은 명시적인 제도는 없습니다. 다만 최근 들어 이러한 제도의 필요성에 대한 논의가 활발해지고 있다고 합니다.

이처럼 각 나라마다 서로 다른 방식으로 비슷한 문제를 해결하고 있습니다만, 공통적으로 발견되는 중요한 원칙이 있습니다. 바로 '부모의 의무와 책임'을 강조하고, 이를 다하지 않았을 때는 그에 따른 법적 제재가 필요하다는 것이죠. 특히 주목할 만한 점은, 대부분의 선진국들이 단순한 혈연관계보다는 실질적인 부모의 역할과 책임을 더 중요하게 여긴다는 것입니다. 이는 우리나라의 구하라법이 지향하는 방향과도 일치합니다. 이러한 해외 사례들은 우리나라의 구하라법이 더욱 발전하는 데 좋은 참고가 될 수 있을 것입니다. 각 나라의 장점을 배우고 우리 실정에 맞게 보완해 나간다면, 더 나은 제도로 발전할 수 있을 것입니다.

독자 앞으로 구하라법이 더 발전하려면 어떤 점들이 보완되어야 할까요?

정 변호사 구하라법이 도입된 이후 많은 긍정적인 변화가 있었지만, 아직 보완이 필요한 부분들이 있습니다. 현장에서 경험한 사례들을 바탕으로 주요 개선과제들을 말씀드리겠습니다.

가장 시급한 것은 '상속 배제 기준'을 더 명확히 하는 일입니다. 현재는 '양육 의무 불이행'이나 '학대'의 정도를 판단하는 구체적인 기준이 부족한 상황입니다. 예를 들어 양육비를 몇 개월 동안 미납해야 의무 불이행으로 볼 것인지, 어떤 행위까지를 학대로 볼 것인지 등이 불분명합니다.

두 번째로는 화해와 관계 회복의 기회를 제도적으로 마련할 필요가 있습니다. 현재는 한번 상속권이 박탈되면 이를 회복할 수 있는 방법이 매우 제한적입니다. 부모가 진심으로 반성하고 관계를 회복하고자 할 때 이를 인정해 주는 절차가 있으면 좋겠습니다.

증거 수집과 입증 문제도 개선이 필요합니다. 오래전의 학대나 방임을 증명하기가 매우 어려운데, 이를 위한 구체적인 증거 수집 방법이나 입증 기준이 마련되어야 합니다. 특히 아동기의 학대 기록을 체계적으로 보관하고 활용할 수 있는 시스템이 필요합니다.

또한 상속재산 처리에 대한 명확한 기준도 필요합니다. 부모의 상속권이 박탈되었을 때, 그 몫을 누가 어떻게 나눌 것인지에 대한 구체적인 지침이 있어야 합니다.

예방적 차원의 제도 보완도 중요합니다. 부모가 자녀를 학대하거나 방임하지 않도록 하는 예방 프로그램, 양육교육 등을 의무화하는 방안을 검토할 필요가 있습니다.

법원의 재량권 범위도 더 명확히 할 필요가 있습니다. 현재는 판사의 개인적 판단에 따라 결과가 크게 달라질 수 있는데, 이는 법적 안정성을 해칠 수 있습니다. 더 객관적이고 일관된 판단 기준이 마련되어야 할 것입니다.

마지막으로 이 법과 관련된 상담과 지원 체계를 강화해야 합니다. 많은 사람들이 이 법의 존재는 알지만 구체적인 활용 방법을 모르고 있습니다. 법률상담이나 지원 서비스를 쉽게 받을 수 있는 시스템이 필요합니다.

이러한 보완점들이 하나씩 개선된다면, 구하라법은 더욱 공정하고 효과적인 제도로 발전할 수 있을 것입니다. 특히 현장의 경험과 사례들을 꾸준히 수집하고 반영하는 것이 중요할 것 같습니다.

| 구하라법과 함께 알아야 할 것들 |

독자 일반 시민들은 구하라법과 관련해서 어떤 점들을 알고 있어야 할까요?

정 변호사 구하라법은 우리 생활과 매우 밀접한 관련이 있는 법입니다. 일반 시민들이 꼭 알아두면 좋을 실용적인 내용들을 말씀드리겠습니다. 먼저, 이 법은 특별한 사람들만을 위한 것이 아니라는 점을 이해하시면 좋겠습니다. 우리 모두가 부모이거나 자녀의 입장이 될 수 있기 때문에, 누구나 한 번쯤은 알아둘 필요가 있는 법입니다.

가장 중요한 것은 증거 수집입니다. 학대나 방임의 증거는 나중에 매우 중요한 자료가 됩니다. 병원 진단서, 112 신고 기록, 학교 상담 기록, 이웃의 증언 등이 필요할 것입니다. 특히 양육비 미납의 경우, 관련 통장 거래내역이나 연락 기록을 꼼꼼히 모아두는 것이 좋습니다. 또한 도움을 받을 수 있는 기관들을 미리 알아두세요. 대한법률구조공단, 한국가정법률상담소, 아동보호전문기관 등에서 무료로 상담을 받을 수 있습니다. 이러한 기관들의 상담 기록도 나중에 중요한 증거가 될 수 있죠.

양육비 채무자의 경우, 이 법으로 인해 상속권을 잃을 수 있다는 점을 반드시 인식해야 합니다. 경제적 어려움이 있더라도 양육비 지급을 미루기보다는 법원에 감액 신청을 하거나, 양육비이행관리원의 도움을 받는 것이 현명합니다. 이혼 후 양육권이 없는 부모도 자녀와의 관계를 꾸준히 유지하는 것이 중요합니다. 단순히 양육비만 보내는 것이 아니라, 정기적인 면접교섭을 통해 자녀와 소통하고 관심을 보여주어야 합니다.

피해 자녀의 경우, 성인이 된 후에도 과거의 기록들을 보관하고 있는 것이 좋습니다. 또한 학대나 방임 사실을 알고 있는 주변 사람들의 연락처도 기록해 두면 좋습니다. 구하라법은 소급 적용이 가능하다는 점도 기억하세요. 과거의 학대나 방임도 현재 시점에서 문제삼을 수 있습니다. 따라서 오래된 기록이라도 잘 보관해 두는 것이 중요합니다.

마지막으로, 이 법은 단순히 처벌이나 보복의 수단이 아니라는 점을 이해해 주셨으면 합니다. 이 법의 궁극적인 목적은 건강한 가족관계를 만들어가는 것입니다. 따라서 가능하다면 대화와 화해를 통한 관계 회복을 먼저 시도해 보는 것이 좋습니다. 이러한 기본적인 사항들을 미리 알고 준비한다면, 필요할 때 자신의 권리를 더 잘 지킬 수 있을 것입니다. 불확실한 점이 있다면 언제든 전문가와 상담하시기를 권해 드립니다.

독자 구하라법은 보복의 수단이 아니라는 말씀이 인상적이네요. 구하라법에 대해 전반적으로 요약해 주신다면요?

정 변호사 구하라법은 우리 사회에 새로운 가치관을 제시했습니다. 단순한 혈연관계를 넘어, 진정한 부모의 의미가 무엇인지를 다시 생각하게 만든 것이죠. 이 법은 마치 거울과 같습니다. 우리 자신의 모습을 비추어보게 하고, 부모와 자녀 사이의 관계를 다시 한 번 돌아보게 만듭니다. 책임과 의무를 다하지 않은 채 권리만을 주장할 수는 없다는 당연한 진리를 법으로 확인한 것입니다. 법 시행 이후 많은 것이 달라지겠지만, 아직 가야 할 길이 멉니다. 더 명확한 기준과 공정한 적용을 위해, 그리고 무엇보다 깨어진 가족관계를 회복할 수 있는 기회를 만들기 위해 우리는 계속 노력해야 합니다. 구하라법은 단순한 제재 수단이 아닌, 건강한 가족관계를 만들어가는 디딤돌이 되어야 합니다. 이를 통해 우리 사회가 진정한 의미의 가족애와 책임을 배우고, 더 따뜻하고 성숙한 공동체로 나아가길 희망합니다.

| 구하라법 요약 |

①개념

구하라법은 양육 의무를 다하지 않은 부모가 자녀의 재산을 상속받지 못하도록 하는 상속 제도의 개선을 통한 양육자 보호를 위한 법규(개정)를 속칭하는 것입니다. 정식 법적 명칭은 '민법 제1057조의2(기여분)와 민법 제1001조(상속인의 결격사유)' 개정안입니다. 자녀를 양육하지 않은 부모의 상속권을 제한하는 것이 핵심입니다.

②역사

2019년 가수 구하라 씨의 사망 이후, 연예인 생전에 친권을 포기하고 양육을 거부한 친부모가 상속권을 주장하면서 사회적 논란이 되었습니다. 이를 계기로 2020년부터 자녀를 양육하지 않은 친부모에게 상속권을 제한하는 법 개정 논의가 추진되었고 2024년 8월 28일 국회를 통과하여 2026년 1월부터 시행될 예정입니다.

③내용

구하라법의 주요 내용은 크게 세 가지로 나눌 수 있습니다. 첫째, 자녀를 학대하거나 양육 의무를 이행하지 않은 부모의 상속권을 제한합니다. 둘째, 피상속인을 실질적으로 돌본 양육자의 기여분을 인정하고 확대했습니다. 셋째, 상속인의 결격사유를 더욱 강화했습니다. 특히 상속이 시작되기 전 1년 이상 지속적으로 피상속인을 보살핀 양육자의 권리를 법적으로 보호하고 있습니다.

④찬반 논란 및 핵심 쟁점

구하라법을 찬성하는 측에서는 이 법이 실제로 자녀를 키우고 돌본 양육자의 권리를 보호하고, 부모의 책임감을 강화할 수 있다고 주장합니다. 반면 반대하는 측에서는 헌법이 보장하는 친부모의 친권과 상속권을 지나치게 제한한다는 점을 우려합니다. 이 법의 핵심 쟁점은 세 가지입니다. 첫째, 부모가 양육 의무를 제대로 이행하지 않았다는 것을 어떻게 판단할 것인지, 둘째, 상속권 제한 범위를 어디까지로 할 것인지, 셋째, 양육자가 기여한 부분을 어떻게 계산하고 인정할 것인지 기준이 모호하다는 것입니다.

⑤사례 및 판례

2021년 이후, 양육 포기 부모의 상속권이 제한된 사례들이 있으며, 양육자의 기여분이 인정된 판례들이 축적되고 있습니다. 서울가정법원은 2022년 구하라법의 취지를 적용해 친권자의 상속권을 제한하는 판결을 내렸습니다. 2026년부터 개정안이 시행되면 더 많은 판례가 쌓일 것입니다.

⑥핵심 요약

구하라법은 자녀를 양육하지 않은 부모의 상속권을 제한하고, 실질적 양육자의 권리를 보호하는 법입니다. 이는 단순한 혈연관계가 아닌 실질적인 양육과 돌봄의 가치를 인정하는 것으로, 현대 사회의 가족관계와 상속 제도에 중요한 변화를 가져왔습니다. 2026년부터 개정법률이 시행되면 향후 구체적인 판례 축적을 통해 법 적용의 명확한 기준이 확립될 것으로 기대됩니다.

07
침묵의 벽을 넘어, 일상의 평화를 찾아서 _가정폭력특별법

"오늘도 옆집에서 싸움 소리가 들려요. 신고해야 할까요?"

"남편이 때려도 참아야 하나요? 아이들 때문에 이혼할 수도 없고."

우리 주변에는 이처럼 가정폭력으로 고통받는 이들의 목소리가 있습니다. 하지만 오랫동안 이러한 소리는 '가정사'라는 두꺼운 벽에 막혀 세상 밖으로 나오지 못했습니다. "집안일은 집 안에서 해결해야지" "부부 싸움은 칼로 물 베기"라는 말들은 우리 사회가 가정폭력을 외면해 온 현실을 보여줍니다.

1997년, 대한민국은 가정폭력특별법 제정이라는 중대한 결단을 내립니다. 이는 "가정폭력은 범죄"라는 선언이자, 더 이상 가정폭력을 용인하지 않겠다는 사회적 합의였습니다. 이 법은 가정폭력을 '사회적 범죄'로 규정하고, 피해자 보호 체계를 구축했으며, 가해자 교정에도 초점을 맞췄습니다. 법 시행 이후 가정폭력 신고 건수는 크게 증가했고, 사회적 인식도 변화했습니다. 하지만 여전히 많은 피해자들이 경제적, 심리적 이유로 신고를 주저하고 있어 해결해야 할 과제들이 남아 있습니다.

이제 가정폭력특별법이 어떻게 우리의 가정을 지키고 있는지, 또 어떻게 도움을 받을 수 있는지 자세히 알아보도록 하겠습니다.

| 당신의 가정을 지키는 특별한 법 |

독자 가정폭력특별법이 무엇인지 알고 싶어요. 왜 만들어졌나요?

정 변호사 가정폭력특별법은 우리 가정을 지키는 특별한 법입니다. 마치 경찰관처럼 우리 가정을 보호하고 지켜주는 역할을 한다고 보시면 됩니다. 정식 명칭은 '가정폭력범죄의 처벌 등에 관한 특례법'인데요, 일반적으로 '가정폭력특별법'이라고 부릅니다. 1997년에 만들어진 이 법은 '가정은 사회의 기초'라는 인식에서 출발했어요. 과거에는 "가정 문제는 가정에서 알아서 해결하라"는 인식이 강했습니다. "맞아도 집에서 맞는 게 낫다"라는 말처럼 가정폭력을 개인의 문제로만 여겼죠.

하지만 1990년대에 들어서면서 가정폭력도 엄연한 범죄라는 인식이 확산되었고, 이를 사회가 함께 해결해야 한다는 공감대가 형성되었습니다. 쉽게 설명해 드리자면, 학교에서 친구를 때리면 잘못된 행동으로 여겨 선생님께 혼이 나고, 길거리에서 남을 때리면 경찰이 출동해서 처벌하잖아요? 그런데 같은 폭력이 가정에서 일어났다고 해서 눈감아서는 안 된다는 거죠. 가정폭력은 생각보다 다양한 형태로 나타납니다. 단순히 때리거나 밀치는 신체적 폭력뿐만 아니라, 모욕적인 말이나 욕설로 상처를 주는 정신적 폭력, 생활비를 주지 않고 경제적으로 통제하는 경제적 폭력, 원치 않는 성적 행동을 강요하는 성적 폭력까지 모두 포함됩니다. 최근에는 스마트폰이나 SNS를 이용한 디지털 폭력까지 가정폭력의 범주에 포함되고 있어요.

이처럼 가정폭력특별법은 우리 사회가 "더 이상 가정폭력을 개인의 문제로 방치하지 않겠다"는 의지를 담은 법이라고 할 수 있습니다. 피해자를 보호하고, 가해자를 교육해 건강한 가정을 회복하는 것이 이 법의 궁극적인 목표입니다.

독자 이 법이 생기기 전에는 이런 가정폭력을 어떻게 처리했나요?

정 변호사 중요한 질문이에요. 1997년 가정폭력특별법이 생기기 전에는 가정폭력을 일반적인 폭력 사건과 똑같이 처리했습니다. 즉, 형법상 폭행죄나 상해죄로만 다뤘던 거죠. 하지만 이런 방식으로는 가정폭력 문제를 제대로 해결할 수 없었어요. 가정폭력이 일반 폭력과 다른 특수성이 있기 때문입니다. 예를 들어, 길거리에서 폭행을 당했다면 그 사람을 피해서 다니면 되지만, 가정폭력은 가해자와 한 지붕 아래에서 살아야 하는 경우가 많습니다. 더구나 주부처럼 경제적으로 독립하기 어려운 상황이거나, "아이들 때문에 참아야 해"라며 이혼도 선택하기 힘든 경우가 많았죠. 당시에는 경찰도 "부부 싸움에는 끼어들지 말라"는 속담을 인용하며 개입을 꺼렸어요. 가정폭력 신고가 들어와도 "부부간의 일"이라며 적극적으로 도와주지 않았죠. 피해자들은 도움을 요청할 곳도 마땅치 않았고, 혼자서 고통을 견뎌야 했습니다. 이런 문제를 해결하기 위해 여성단체들이 앞장섰어요. "가정폭력은 개인의 문제가 아닌 사회가 함께 해결해야 할 문제"라고 목소리를 높였죠. 그 결과 1997년에 가정폭력특별법이 만들어졌습니다.

이 법의 특별한 점은 단순히 가해자를 처벌하는 것을 넘어서, 피해자 보호와 가정 회복까지 함께 고민한다는 거예요. 피해자가 갈 수 있는 쉼터를 만들고, 가해자에게는 상담이나 교육을 통해 폭력 성향을 고치도록 돕습니다. 또한 피해자가 신고를 망설이지 않도록 비밀도 철저히 보장하고 있죠. 쉽게 말해서, 이 법은 우리 가정을 지키는 특별한 보호막이에요. "가정폭력은 범죄"라는 인식을 확립하고, 피해자들이 더 이상 혼자가 아님을 알려주는 든든한 울타리가 된 것이죠.

독자 가정폭력의 종류에는 어떤 것들이 있나요?

정 변호사 많은 분들이 가정폭력이라고 하면 '때리는 것'만 떠올리시는데, 실제로는 훨씬 다양한 형태가 있어요. 때로는 겉으로 보이지 않는 폭력이 더 큰 상처를 남기기도 합니다.

가장 흔히 알려진 것이 신체적 폭력이에요. 때리거나 밀치는 것은 물론이고, 물건을 던지거나 생활필수품을 제공하지 않는 행위도 포함됩니다. 최근에는 코로나 마스크를 빼앗거나 일부러 기침을 하는 것도 신체적 폭력으로 인정되고 있어요.

정서적 폭력도 매우 심각합니다. "너 같은 건 살 가치도 없어"와 같은 모욕적인 말, 무시하거나 조롱하기, 외출이나 친구 만남을 통제하는 것도 모두 폭력이에요. 특히 다른 가족들 앞에서 무시하거나 망신 주는 행위는 오랫동안 마음의 상처로 남습니다.

경제적 폭력은 돈을 통제하는 형태로 나타나요. 생활비를 주지 않거나, 수입과 지출을 일일이 보고하게 하는 것, 재산을 임의로 처분하는 행위 등이 여기에 해당합니다. 심지어 직장을 그만두게 하거나 취업을 방해하는 것도 경제적 폭력이에요.

성적 폭력은 원치 않는 성적 행위를 강요하거나, 피임을 거부하는 것, 다른 사람 앞에서 성적 수치심을 주는 행위 등을 말합니다. 부부 사이라도 동의 없는 성적 행위는 범죄가 될 수 있어요.

최근에는 디지털 기기를 이용한 새로운 형태의 폭력도 늘고 있습니다. 상대방의 휴대폰을 몰래 확인하거나, SNS를 감시하고, 위치 추적 앱을 몰래 설치하는 행위 등이죠. 가족사진을 허락 없이 SNS에 올리거나, 단체 채팅방에서 다른 가족을 비난하는 것도 디지털 폭력에 해당해요.

그리고 방임이라는 형태도 있습니다. 특히 노인이나 아동에 대한 방임이 문제가 됩니다. 돌봄이 필요한 가족을 방치하거나, 의식주를 제공하지 않는 것, 필요한 의료조치를 하지 않는 것 모두 가정폭력이에요.

중요한 것은 이런 행위들이 한 번에 그치지 않고 반복적으로 일어나는 경우가 많다는 점입니다. 또한 여러 유형의 폭력이 동시에 발생하는 경우도 많아요. 그래서 초기에 작은 폭력이라도 그냥 넘기지 말고 도움을 요청하는 것이 중요합니다.

| 접근금지 어기면 2년 이하, 2000만 원 이하 벌금 |

독자 이 법의 주요 내용은 어떤 것들이 있나요?

정 변호사 가정폭력특별법은 우리 가정을 지키기 위한 다양한 내용을 담고 있어요. 마치 가정을 위한 종합 처방전이라고 할 수 있습니다.

먼저 신고와 조사에 관한 부분을 살펴볼게요. 예전에는 "남의 집 일에 끼어들면 안 된다"는 인식이 강했지만, 이제는 누구나 가정폭력을 목격하면 신고할 수 있어요. 특히 교사, 의사, 사회복지사처럼 업무상 가정폭력을 알게 된 사람들은 반드시 신고해야 할 의무가 있답니다.

피해자 보호도 매우 중요한 내용이에요. 폭력으로 집을 떠나야 하는 피해자와 자녀들을 위해 임시로 머물 수 있는 쉼터가 제공되고 있어요. 또 의료 지원이나 법률상담 같은 실질적인 도움도 받을 수 있죠. 이런 지원들은 모두 비밀이 보장되기 때문에 안심하고 도움을 요청하실 수 있어요.

가해자에 대한 조치도 있습니다. 법원은 가해자에게 '접근금지

명령'을 내려서 피해자를 보호할 수 있어요. 요즘은 휴대폰이나 SNS로 괴롭히는 경우도 많아서, 이런 전자기기를 이용한 접근도 금지할 수 있답니다. 또한 가해자가 폭력 성향을 고칠 수 있도록 상담이나 교육 프로그램도 마련되어 있어요.

가장 중요한 것은 가정 회복을 위한 지원이에요. 이 법의 궁극적인 목적은 우리 가정을 다시 행복하게 만드는 거니까요. 그래서 가족 상담이나 치료 프로그램을 통해 서로를 이해하고 화해할 수 있는 기회를 제공합니다. 쉽게 말해서 가정폭력특별법은 아픈 가정을 치료하는 종합병원 같은 역할을 해요. 응급처치도 하고, 치료도 하고, 재발 방지를 위한 관리도 하면서 가정이 다시 건강해질 수 있도록 돕는 거죠. 우리 사회가 만든 특별한 약속이자, 행복한 가정을 만들기 위한 든든한 버팀목인 셈이랍니다.

독자 가정폭력 신고가 들어오면 어떤 절차로 처리되나요?

정 변호사 가정폭력 사건은 크게 '피해자 보호 절차'와 '형사 절차' 두 갈래로 진행됩니다. 단계별로 자세히 설명해 드릴게요.

먼저 112에 신고가 들어오면 경찰이 즉시 현장으로 출동합니다. 과거와 달리 이제는 '가정사'라며 넘기지 않고 적극적으로 개입하도록 법으로 정해져 있어요. 경찰은 현장에서 피해자와 가해자를 분리하고, 피해자의 안전을 최우선으로 확보합니다. 피해자가 당장 위험한 상황이라면, 가까운 쉼터나 보호시설로 피신할 수 있도록 도와드려요. 긴급한 경우에는 법원에 '임시조치'를 신청해서 가해자가 피해자에게 접근하지 못하도록 할 수도 있습니다. 또한 피해자가 다친 경우에는 즉시 병원 진료를 받을 수 있도록 지원하고, 전문상담사와의 상담도 연결해 드려요.

이 모든 과정은 피해자의 의사를 최우선으로 고려하며, 비밀은 철저히 보장됩니다. 수사 과정에서도 피해자 보호를 위한 특별한 조치들이 있어요. 피해자가 가해자와 마주치지 않도록 조사시간을 따로 정하고, 신뢰관계인(예: 상담사나 지인)과 함께 조사를 받을 수도 있답니다.

도움이 필요하시다면 언제든 1366 여성긴급전화나 경찰(112)에 연락하세요. 전문가들이 상황에 맞는 적절한 도움을 제공해 드릴 거예요.

독자 가해자에 대한 처벌이나 조치는 어떻게 이루어지나요?

정 변호사 가해자에 대한 조치는 폭력의 심각성과 반성하는 태도를 종합적으로 고려해서 결정됩니다. 마치 의사가 환자의 상태를 보고 적절한 치료법을 결정하는 것처럼요. 가벼운 폭력이고 가해자가 진심으로 반성한다면, '상담조건부 기소유예'라는 제도를 활용할 수 있어요. 이는 가해자가 상담이나 교육을 성실히 받는다는 약속을 하고 이를 지킨다면, 처벌 대신 교육으로 방향을 전환하는 제도입니다. 하지만 폭력이 심각하거나 계속 반복된다면 더 강력한 조치가 취해져요. 법원은 가해자에게 피해자의 집이나 직장에 얼씬도 못 하게 하는 접근금지 명령을 내릴 수 있습니다. 요즘은 전화나 문자, SNS로도 연락하지 못하도록 하는 경우가 많아요.

자녀가 있는 경우에는 일시적으로 자녀를 만나지 못하게 할 수도 있고, 폭력 성향을 고치기 위한 교육을 받게 할 수도 있습니다. 심각한 경우에는 전문가의 감독을 받는 보호관찰이나 교도소에 가두는 징역형까지 선고될 수 있어요. 특히 법원의 접근금지 명령을 어기면 2년 이하의 징역이나 2000만 원 이하의 벌금이라는 무거운 처벌을 받게 됩니다. 최근에는 전자발찌를 채워서 가해자의 위치를 계속 감시하는 경우도 있답니다. 하지만 이런 처벌이 목적은 아니에요. 이 법의 진정한 목적은 가해자가 잘못을 깨닫고 폭력적인 성향을 고쳐서, 가정이 다시 화목해지도록 돕는 것이랍니다. 그래서 대부분 처벌과 함께 상담이나 교육을 진행하고 있어요.

독자 가정폭력을 당하고 있다면 어떻게 도움을 받을 수 있나요?
정 변호사 매우 중요한 질문을 해주셨네요. 지금 가정폭력으로 힘들어하시는 분들을 위해, 실질적인 도움을 받을 수 있는 방법을 자세히 설명해 드리겠습니다.

가장 먼저, 위험한 상황이라면 즉시 112에 전화하세요. 24시간 언제든 신고가 가능하고, 경찰은 신고를 받으면 즉시 출동해서 피해자를 보호합니다. 마치 응급실처럼, 긴급한 상황에서 가장 먼저 찾아야 할 곳이에요. 또 하나의 중요한 연락처는 1366 여성 긴급전화입니다. 이곳은 마치 든든한 언니나 이웃 언니처럼, 전문상담사가 24시간 상담을 해주고 필요한 도움을 연결해 줍니다. 비밀이 보장되니 안심하고 연락하셔도 됩니다.

국가에서는 다양한 지원을 제공하고 있어요. 당장 집을 떠나야 하는 상황이라면 임시보호시설을 이용할 수 있습니다. 최대 6개월까지 안전한 곳에서 지낼 수 있고, 자녀와 함께 머물 수도 있어요. 숙식이 제공되니 당장의 의식주 걱정은 하지 않으셔도 됩니다. 법적인 도움이 필요하다면 무료 법률상담을 받을 수 있어요. 전문 변호사가 여러분의 상황에 맞는 해결 방법을 찾아드립니다. 폭력으로 인한 상처는 국가에서 치료비를 지원해 주니, 병원비 걱정으로 치료를 미루지 마세요. 더 나아가 새로운 삶을 시작할 수 있도록 주거 지원 제도도 있어요. 임시주거지나 임대주택을 통해 안전한 보금자리를 마련할 수 있도록 도와드립니다. 자녀가 있다면 전학이나 학습 지원도 받을 수 있어 교육이 중단되는 일도 없답니다.

때로는 "이 정도가 폭력일까?" "참으면 나아질까?" 하고 망설이시는 분들도 계실 거예요. 하지만 폭력은 절대 사랑이 아니며, 시간이 지날수록 더 심각해지는 경우가 많습니다. 작은 폭력도 반드시 도움을 청하세요. 용기 내어 도움을 요청하는 것, 그것이 자신과 가족을 위한 가장 현명한 선택입니다. 여러분은 결코 혼자가 아니에요. 이 글을 읽고 계신다면, 지금 바로 112나 1366으로 연락해 보세요. 전문가들이 여러분의 이야기에 귀 기울이고, 필요한 도움을 아끼지 않을 겁니다.

독자 피해자를 위한 구체적인 지원 제도에는 어떤 것들이 있나요?

정 변호사 가정폭력 피해자를 위해 국가에서는 다양한 지원 제도를 운영하고 있어요. 마치 든든한 이웃이 곁에서 여러 도움을 주는 것처럼, 생활의 모든 영역에서 필요한 지원을 받으실 수 있답니다.

가장 기본이 되는 것은 안전한 주거 지원이에요. 당장 머물 곳이 필요한 분들을 위해 긴급피난처와 같은 임시보호시설이 있습니다. 여기서는 최대 6개월까지 안전하게 지내실 수 있어요. 숙식이 모두 제공되고 자녀와 함께 지낼 수 있답니다. 더 장기적인 주거가 필요하다면 임대주택을 지원받을 수 있어요.

의료 지원도 매우 중요한 부분이에요. 폭력으로 인한 신체적 상처는 물론, 마음의 상처 치료도 지원됩니다. 치료비 걱정 없이 병원을 이용하실 수 있고, 전문상담사와의 심리상담도 무료로 받을 수 있어요. 특히 트라우마 치료가 필요한 경우 전문적인 치료를 지원받을 수 있답니다.

법률 지원도 빼놓을 수 없어요. 법적 절차가 복잡하고 어렵게 느껴지시죠? 전문 변호사가 무료로 상담해 드리고, 필요한 경우 소송 지원도 해드립니다. 이혼이나 양육권 문제 등 복잡한 법적 문제도 전문가의 도움을 받아 해결하실 수 있어요.

필요시 경제적인 지원도 마련되어 있답니다. 긴급생계비 지원을 통해 당장의 생활비 걱정을 덜 수 있고, 취업 지원 서비스로 자립을 위한 발판도 마련할 수 있어요. 직업훈련이나 취업연계 프로그램을 통해 새로운 시작을 준비하실 수 있답니다.

자녀가 있는 분들을 위한 지원도 있어요. 자녀의 안전한 전학을 도와드리고, 학습 지원과 심리치료도 제공합니다. 아이들의 교육과 정서적 안정을 위한 다양한 프로그램이 마련되어 있죠.

이 모든 지원을 받기 위해서는 가까운 여성긴급전화 1366이나 건강가정지원센터에 연락하시면 됩니다. 전문상담사가 여러분의 상황을 자세히 듣고, 필요한 지원을 연결해 드릴 거예요. 강조드리고 싶은 것은, 이런 지원들은 모두 무료이고 비밀이 철저히 보장된다는 점이에요. 혹시 '누가 알게 될까' 걱정하지 마세요. 여러분의 안전과 회복이 최우선입니다. 새로운 삶을 시작하는 것이 두렵고 망설여질 수 있어요. 하지만 이런 지원 제도들은 여러분의 용기 있는 결단을 돕기 위해 마련된 것입니다. 망설이지 마시고 도움을 요청하세요. 더 나은 내일을 위한 첫걸음을 함께 시작해 보시는 건 어떨까요?

독자 혹시 가해자가 보복하면 어쩌죠?

정 변호사 많은 분들이 그런 걱정을 하십니다. "신고하면 더 심한 폭력을 당하지 않을까?" "아이들에게 해코지하면 어쩌지?" 하는 두려움 때문에 신고를 망설이시죠. 하지만 걱정하지 마세요. 우리 법은 이런 상황까지 꼼꼼하게 준비하고 있답니다.

법원은 피해자를 보호하기 위해 가해자에게 여러 가지 제한 명령을 내릴 수 있어요. 마치 보이지 않는 보호막을 씌워주는 것처럼, 피해자의 안전을 철저하게 지켜드립니다. 가장 먼저, 가해자가 피해자와 같은 집에 살고 있다면 즉시 집을 나가도록 하는 '퇴거 명령'을 내립니다. 그래서 피해자가 안전하게 집에서 지낼 수 있도록 해요. 또한 가해자가 피해자의 집이나 직장 근처에 얼씬도 못하게 하는 '접근금지 명령'도 있습니다. 요즘은 온라인으로도 괴롭힐 수 있잖아요? 그래서 전화, 문자, SNS 등으로도 연락하지 못하게 막아요. 자녀가 있는 경우에는 아이들을 이용해 협박하거나 괴롭히지 못하도록 가해자의 친권 행사도 제한할 수 있답니다. 더욱 안심하실 만한 것은, 이런 법원의 명령을 어기면 무거운 처벌을 받는다는 거예요. 2년 이하의 징역이나 2000만 원 이하의 벌금형이라는 강력한 제재가 있어서, 가해자들이 함부로 명령을 어기지 못합니다. 최근에는 더 강력한 보호조치도 있어요. 특히 위험한 상황이라고 판단되면 가해자에게 전자발찌를 채워서 위치를 계속 감시할 수도 있답니다. 경찰도 정기적으로 순찰을 돌며 피해자의 안전을 살펴요.

무엇보다 이제는 가정폭력을 더 이상 '집안일'로 보지 않아요. 112에 신고하면 경찰이 즉시 출동하고, 전문가들이 피해자 보호에 나서는 등 사회 전체가 피해자 편에 서서 도와드립니다. 혹시 "이래도 될까……" 망설이고 계신가요? 가정폭력 피해자는 절대 잘못이 없다는 걸 기억하시고 오히려 용기 내어 도움을 요청하는 것이 자신과 가족을 위한 현명한 선택이에요. 전문상담사들이 24시간 피해자의 신고와 이야기를 기다리고 있습니다. 1366이나 112로 연락주세요. 비밀은 철저히 보장됩니다. 여러분의 안전하고 행복한 미래를 위해, 우리 사회가 함께 노력하고 있습니다.

| 가정폭력은 엄연한 범죄라는 인식 퍼져 |

독자 실제로 이 법이 얼마나 효과가 있나요?

정 변호사 가정폭력특별법이 만들어진 지 벌써 20여 년이 지났습니다. 그동안의 변화를 살펴보면서 이야기해 드리겠습니다. 우선 가장 큰 변화는 사회 전체의 인식이 달라졌다는 점입니다. 예전에는 "가정폭력은 집안일"이라며 눈을 감았지만, 이제는 "가정폭력은 엄연한 범죄"라는 인식이 자리 잡았어요. 마치 교통신호를 지키는 것이 당연한 것처럼, 가정에서의 폭력도 절대 해서는 안 되는 일이라는 생각이 널리 퍼졌죠. 이런 변화는 통계로도 확인할 수 있어요. 1998년에는 가정폭력 신고가 연간 2000여 건에 불과했지만, 최근에는 20만 건이 넘는다고 해요. 폭발적인 증가입니다. 이는 피해자들이 "이제는 도움을 청할 수 있다"는 용기를 얻었다는 의미고, 우리 사회가 그만큼 성숙해졌다는 증거기도 해요.

하지만 아직도 개선해야 할 점들이 있습니다. 많은 피해자들이 여전히 "가족인데……" "아이들 때문에……" 하면서 신고를 망설이고 있어요. 마치 심각한 병이 있어도 병원 가기를 미루는 것처럼요. 하지만 가정폭력도 초기에 대처하면 더 쉽게 해결할 수 있다는 점을 꼭 기억해야 합니다. 경제적인 문제도 중요한 과제예요. 특히 전업주부처럼 별도의 수입이 없는 피해자들이 독립적으로 살아가기가 쉽지 않죠. 그래서 정부에서는 직업훈련부터 취업 연계, 주거 지원까지 다양한 자립 지원 프로그램을 운영하고 있답니다. 가해자의 재범을 막는 것도 큰 숙제입니다. 오랫동안 길들어진 폭력적인 성향을 바꾸는 게 쉽지 않아서, 같은 잘못을 반복하는 경우가 많이 있어요. 그래서 가해자 교정 프로그램을 더욱 강화하고, 전자감독장치 부착이나 접근금지 명령 같은 강력한 제재도 시행하고 있습니다.

이런 문제들을 해결하기 위해 법과 제도는 계속 발전하고 있어요. 피해자 보호시설이 늘어나고, 지원 프로그램도 다양해지고 있죠. 경찰의 대응 매뉴얼도 더욱 세밀해져서, 신고가 들어오면 즉시 출동해 피해자를 보호하고 있답니다. 가정폭력특별법은 우리 사회를 더 안전하고 행복하게 만드는 중요한 도구예요. 아직은 부족한 점이 있지만, 우리 모두의 관심과 노력으로 계속 발전해 나갈 거예요. 혹시 주변에서 도움이 필요한 분을 보신다면, 용기 내어 신고해 주세요. 한 사람 한 사람의 작은 관심이 모여 더 나은 사회를 만들 수 있답니다.

독자 현재 가정폭력특별법의 한계점과 개선과제는 무엇인가요?

정 변호사 가정폭력특별법이 많은 발전을 이뤄왔지만, 아직도 현장에서는 여러 가지 어려움이 있습니다. 법의 한계점과 앞으로 개선해야 할 부분들을 자세히 살펴보도록 하겠습니다.

가장 시급한 문제는 '초기 대응'의 한계입니다. 마치 불이 났을 때 초기 진압이 중요한 것처럼, 가정폭력도 초기 대응이 매우 중요해요. 하지만 현장에 출동한 경찰이 "부부 싸움은 가정사"라며 적극적으로 개입하지 않는 경우가 아직도 있답니다. 이런 안일한 대응이 더 큰 피해로 이어질 수 있어요. 그래서 경찰의 초기 대응 방식을 더욱 체계화하고, 의무적으로 따르도록 하는 제도 개선이 필요합니다.

피해자 보호도 아직 충분하지 않아요. 법원에서 가해자에게 접근 금지 명령을 내려도 이를 위반하는 경우가 많은데, 이때 즉각적이고 실질적인 제재가 어렵습니다. 이는 마치 교통신호를 위반해도 바로 단속하지 못하는 것과 비슷해요. 피해자들이 계속된 불안 속에서 살아가지 않도록, 접근금지 명령을 위반할 경우 즉시 체포할 수 있는 제도가 필요합니다.

경제적 지원도 현실화가 필요해요. 많은 피해자들이 생활비나 주거비 걱정 때문에 가해자와의 분리를 망설입니다. 현재 지원되는 금액으로는 실제 생활하기가 너무 어렵거든요. 피해자들이 경제적인 걱정 없이 새 출발을 할 수 있도록, 현실적인 지원 금액과 장기적인 자립 지원 계획이 마련되어야 합니다.

독자 가해자에 대한 교정 프로그램들이 있겠죠?

정 변호사 가해자 교정 프로그램도 개선이 필요해요. 지금의 상담이나 교육은 마치 잠깐 반성문을 쓰고 마는 것처럼 실효성이 부족합니다. 가해자의 폭력 성향을 근본적으로 바꿀 수 있는 전문적인 치료 프로그램이 필요하고, 이러한 교정 효과가 지속되는지 계속 관리해야 합니다. 특히 아동보호는 시급한 과제입니다. 가정폭력 현장에 있던 아이들은 깊은 마음의 상처를 입습니다. 이런 아이들을 위한 전문적인 심리치료와 지속적인 보호 체계가 더욱 강화되어야 해요. 아이들이 건강하게 성장할 수 있도록 학교와 지역 사회가 함께 도와야 합니다. 무엇보다 중요한 것은 우리 사회의 인식 변화예요. 가정폭력을 더 이상 '집안일'로 보지 않고, 심각한 범죄로 인식하는 문화가 정착되어야 합니다. 이를 위해 학교에서의 예방교육부터 대중매체를 통한 캠페인까지, 다양한 방법으로 인식이 개선되어야 해요. 이런 변화들이 하루아침에 이루어지진 않겠지만, 한 걸음씩 나아가다 보면 반드시 더 나은 미래를 만들 수 있을 거예요. 우리 모두가 관심을 가지고 목소리를 내는 것, 그것이 바로 변화의 시작입니다.

독자 그렇군요. 가정폭력특별법에 대해 전체적으로 정리를 해주신다면 감사하겠습니다.

정 변호사 가정폭력특별법은 우리 사회의 안전망이자 희망의 날개입니다. 법이 만들어진 지 20여 년, 이제 우리는 '가정폭력은 범죄'라는 인식을 분명히 하게 되었고, 많은 피해자들이 새로운 삶을 시작할 수 있게 되었습니다. 하지만 아직 가야 할 길이 남아 있습니다. 마치 아픈 상처가 완전히 아물려면 시간과 정성 어린 치료가 필요한 것처럼, 우리 사회의 상처를 치유하기 위해서는 더 많은 노력이 필요합니다. 피해자를 더 적극적으로 보호하고, 가해자의 근본적인 변화를 이끌어내며, 무엇보다 폭력 없는 가정을 만들어가는 것이 우리의 과제입니다. 특히 우리 아이들을 위해서라도 이 법은 계속 발전해야 합니다. 가정폭력을 경험한 아이들이 또다시 폭력의 대물림으로 고통받지 않도록, 더 촘촘하고 따뜻한 보호 체계를 만들어가야 합니다. 이제 우리 모두가 이웃의 아픔에 귀 기울이고, 용기 있게 목소리를 내야 할 때입니다.

가정폭력특별법이 단순한 법조문이 아닌, 모든 가정의 행복을 지키는 든든한 울타리가 되기를 희망합니다. 평화로운 가정이 모여 건강한 사회를 만들 수 있다는 믿음으로, 우리 모두 한 걸음 더 나아가야 할 때입니다.

| 가정폭력특별법 요약 |

①개념

가정폭력특별법(정식 명칭: 가정폭력범죄의 처벌 등에 관한 특례법)은 가정 내에서 발생하는 폭력행위를 예방하고 피해자를 보호하기 위한 특별법입니다. 일반 형사법과 달리 가정보호 사건으로 처리할 수 있으며, 피해자 보호와 가해자 교정에 중점을 둡니다. 신체적 폭력뿐만 아니라 정신적 폭력, 경제적 폭력, 성적 폭력, 디지털 폭력까지 규제 대상에 포함됩니다.

②역사

가정폭력특별법은 1997년 12월 제정되어 1998년 7월 1일부터 시행되었습니다. 1990년대 여성 및 아동 인권운동이 활발해지면서 '가정폭력은 범죄'라는 인식이 확산되었고, 이는 입법의 계기가 되었습니다. 2011년 개정으로 긴급 임시조치 제도가 도입되었고, 2021년에는 디지털 가정폭력 등 새로운 유형이 추가되었습니다.

③내용

가정폭력특별법의 주요 내용은 크게 여섯 가지로 구분됩니다. 첫째, 경찰은 가정폭력 신고를 받으면 즉시 현장에 출동하여 응급조치를 취해야 합니다. 둘째, 법원은 가해자에 대해 접근금지나 퇴거명령과 같은 임시조치를 내릴 수 있으며, 사회봉사나 수강명령 등의 보호처분을 결정할 수 있습니다. 셋째, 국가는 피해자 보호시설을 운영하고 필요한 지원을 제공합니다. 넷째, 가해자의 재범을 방지하고 건강한 가정 회복을 위해 교정치료 프로그램을 운영합니다. 다섯째, 사건의 특성에 따라 가정보호 사건 또는 형사 사건으로 처리할 수 있는 이원적 체계를 갖추고 있습니다. 마지막으로, 피해자에 대한 상담 및 법률 지원을 제공하여 실질적인 피해 회복을 돕습니다.

④찬반 논란 및 핵심 쟁점
가정폭력특별법을 둘러싼 주요 쟁점은 다음과 같이 정리할 수 있습니다. 우선 가정보호 사건으로 처리될 경우 처벌이 지나치게 약화될 수 있다는 우려가 있습니다. 또한 피해자가 처벌을 원하지 않는 경우에도 법적 개입이 필요한 상황이 있어, 이에 대한 적절한 균형점을 찾는 것이 중요한 과제입니다. 가해자의 재범을 막기 위한 현행 제도적 장치들이 실제로 얼마나 효과가 있는지도 논란이 되고 있습니다. 가해자 교정 프로그램의 실효성 문제도 지속적으로 제기되고 있으며, 피해자 보호명령이 실제 현장에서 제대로 강제력을 발휘하지 못하는 경우도 있습니다. 특히 최근에는 스마트폰이나 SNS를 이용한 디지털 가정폭력이 새롭게 등장하면서, 이에 대한 적절한 대응 방안 마련이 시급한 상황입니다.

⑤사례 및 판례
대법원은 2019년 "가정폭력 피해자의 위험이 예상되는 경우 가해자 의사에 반하더라도 퇴거명령을 내릴 수 있다"고 판시했습니다(2019도1842 판결). 코로나19 이후 가정폭력 신고가 약 30퍼센트 증가했으며, 디지털 폭력 사례도 급증했습니다. 2022년 기준 가정보호 사건의 약 40퍼센트가 보호처분으로

이어졌습니다.

⑥핵심 요약

가정폭력특별법은 가정폭력을 '개인 간의 문제'가 아닌 '사회적 범죄'로 규정하고, 피해자 보호와 가해자 교정을 통한 가정 회복을 목표로 합니다. 현재 디지털 폭력 등 새로운 유형에 대한 대응과 피해자 보호 체계 강화를 위한 법 개정이 논의되고 있습니다. 일반 시민들은 가정폭력 신고 의무와 피해자 지원 제도를 잘 알아두어야 하며, 가정폭력은 범죄라는 인식을 가져야 합니다.

서민의 주거권을 지키는 정의의 울타리 _전세사기피해자법

'내 집 마련'은 많은 사람들의 꿈입니다. 하지만 당장 집을 사기 어려운 사람들에게 전세는 중요한 주거 방식입니다. 수천만 원, 때로는 수억 원에 달하는 전세금은 대부분의 서민들이 평생 모은 소중한 재산이기도 합니다. 그러나 최근 '전세사기'로 인한 피해가 심각한 사회 문제로 대두되었습니다. 2022년 한 해 동안 전세사기 피해액이 2조 원을 넘어섰고, 특히 '깡통전세'라는 새로운 형태의 사기로 많은 서민들이 고통받았습니다. 예를 들어, 시가 5억 원짜리 집에 이미 4억 원의 대출이 있는데도 이를 숨기고 다시 4억 원의 전세계약을 하는 등의 수법으로 선량한 임차인들이 피해를 입었습니다.

이에 2023년 6월, '전세사기 피해자 지원 및 주거안정에 관한 특별법'이 제정되었습니다. 이 법은 전세사기를 예방하고 피해자를 보호하는 것을 주요 목적으로 합니다. 전세계약 신고 의무화, 사기범에 대한 처벌 강화, 피해자 지원제도 마련 등 다양한 보호장치를 담고 있습니다. 특히 전세사기 피해자를 위한 원스톱지원센터 설치와 피해 보상을 위한 특별기금 마련은 실질적인 피해 구제에 큰 도움이 되고 있습니다. 2024년에는 법 개정을 통해 피해자 보호를 더욱 강화했습니다. 6개월마다 전세사기 실태조사를 실시하고 이를 국회에 보고하도록 하여 더 체계적인 피해 예방이 가능해졌습니다. 하지만 여전히 새로운 형태의 사기가 발생하고 있어 제도적 보완이 계속되고 있습니다. 이 법이 우리 사회에서 안전한 주거 문화를 만드는 초석이 되기를 기대합니다.

| 우리 사회의 약속이자 희망, 전세사기피해자법 |

독자 전세사기피해자법이란 무엇이고, 왜 제정되었나요?

정 변호사 전세사기피해자법의 정식 명칭은 '전세사기 피해자 지원 및 주거안정에 관한 특별법'입니다. 2023년 6월 1일부터 시행된 이 법은 전세사기 피해자들을 보호하고 지원하기 위해 만들어졌어요. 쉽게 말씀드리면, 이 법은 '주거 안전을 지키는 파수꾼' 같은 역할을 합니다. 전세사기를 예방하고, 피해자들이 빨리 일상으로 돌아갈 수 있도록 도와주는 것이 주요 목적이에요. 이런 특별법이 필요했던 것은 전세사기 피해가 너무나 심각해졌기 때문입니다. 2022년 한 해 동안 전세사기 피해액이 2조 원을 넘어섰다고 해요. 특히 '깡통전세'라는 새로운 형태의 사기가 큰 문제가 되었습니다. '깡통전세'는 무슨 뜻일까요? 예를 들어, 시가 5억 원의 집에 이미 4억 원의 대출이 있는데도, 집주인이 이 사실을 숨기고 다시 4억 원의 전세계약을 하는 경우를 말합니다. 나중에 집이 경매로 넘어가면 세입자는 전세보증금을 돌려받지 못하고 큰 피해를 보게 되죠.

이 법의 특징을 크게 세 가지로 설명드릴 수 있어요. 첫째, 피해 예방을 위해 전세계약 전 모든 정보를 투명하게 공개하도록 했습니다. 둘째, 이미 피해를 입은 분들을 위해 임시주택 제공이나 금융 지원 같은 실질적인 도움을 제공합니다. 셋째, 전세사기범에 대한 처벌을 대폭 강화했어요. 특히 2024년 9월 법 개정을 통해 피해자 보호가 한층 더 강화되었습니다. 6개월마다 전세사기 실태조사를 실시하고, 피해자 지원 범위도 확대되었어요. 이처럼 전세사기피해자법은 우리의 소중한 보금자리를 지키는 중요한 법적 장치로 자리 잡아가고 있습니다.

독자 전세사기의 대표적인 유형과 피해 사례에는 어떤 것들이 있나요?

정 변호사 전세사기는 크게 세 가지 유형으로 나눌 수 있는데, 사례를 들어 설명해 드리겠습니다. 첫째, 가장 많이 발생하는 '깡통전세' 유형입니다. 집주인이 대출을 숨기고 전세계약을 하고, 나중에 집주인이 대출금을 갚지 못해 경매가 진행되면, 세입자는 전세보증금을 돌려받지 못하게 됩니다. 둘째, '동시다발 전세계약' 사기입니다. 한 집을 여러 명의 세입자와 동시에 계약하는 수법이에요. 실제로 서울의 한 다세대주택에서 집주인이 같은 집을 여러 명에게 각각 3억 원씩 전세계약을 한 사례가 있었습니다. 결국 입주하지 못한 세입자들이 큰 피해를 입었죠. 셋째, '위장매매' 전세사기입니다. 실제 집주인이 아닌 사람이 위조된 서류로 전세계약을 하는 경우예요. 2023년에는 타인의 신분증을 도용해 수십억 원의 전세금을 가로챈 일당이 검거되기도 했습니다.

이러한 사기 수법들의 공통점은 세입자들이 일상적인 계약 과정에서는 피해를 예측하기 어렵다는 점입니다. 특히 최근에는 전세시장이 불안정해지면서 피해 규모도 커지고 수법도 더욱 교묘해지고 있어요. 실제로 2022년 한 해 동안 전세사기 피해액이 2조 원을 넘어섰고, 2023년에도 수많은 피해 사례가 발생했습니다. 이런 피해를 막기 위해서는 등기부등본 확인, 선순위 권리관계 파악, 실소유주 확인 등 꼼꼼한 사전 점검이 반드시 필요합니다. 또한 가능하다면 공인중개사나 법률전문가의 도움을 받는 것이 안전합니다. 특히 최근에는 전세사기 수법이 더욱 지능화되어 완벽해 보이는 서류로 위조하거나, SNS를 통해 파격적인 조건을 내걸어 피해자를 현혹하는 등 새로운 유형의 사기도 늘어나고 있으니 각별한 주의가 필요합니다.

독자 이 법에서 말하는 '전세사기 피해자'는 어떻게 정의되나요?
정 변호사 전세사기피해자법에서 정의하는 '전세사기 피해자'의 개념을 쉽게 설명해 드리겠습니다. 법에서는 전세사기 피해자를 '임차보증금을 돌려받지 못한 세입자'로 정의하고 있어요. 하지만 단순히 보증금을 못 받았다고 해서 모두가 법적인 피해자로 인정되는 것은 아닙니다.
구체적으로 살펴보면, 주택임대차계약을 맺고 실제로 그 집에서 살았거나 살 예정이었던 사람이어야 합니다. 또한 임차보증금이 5억 원 이하여야 하며, 다른 주택을 소유하고 있지 않아야 합니다. 쉽게 말해 '실제로 살기 위해 전세계약을 했던 무주택자'를 보호하겠다는 거죠.

여기서 중요한 것은 '사기성'이 인정되어야 한다는 점입니다. 예를 들어, 집주인이 이미 대출이 많은 것을 숨기고 계약했거나, 허위서류로 계약한 경우처럼 속임수가 있었어야 해요. 단순히 집주인의 경제적 사정이 나빠져서 보증금을 못 받는 경우는 해당되지 않습니다. 최근 법 개정으로 보호 범위가 좀 더 넓어졌어요. 예를 들어 전세계약을 갱신하는 과정에서 피해를 입은 경우도 포함되었고, 상가임대차 피해자도 일부 보호를 받을 수 있게 되었습니다. 사례를 들어보면, 서울에 사는 A씨는 전세금 3억 원에 계약을 했는데, 나중에 알고 보니 집주인이 이미 4억 원의 대출이 있는 것을 숨기고 계약했습니다. 결국 집이 경매로 넘어가 보증금을 돌려받지 못했는데, A씨는 전세사기 피해자로 인정받아 임시주택 지원과 대출 지원을 받을 수 있었습니다.

주의하실 점은, 본인이 전세사기 피해자라고 생각되더라도 반드시 관할 지자체에 피해 신고를 하고 공식적으로 인정을 받아야 법의 보호를 받을 수 있다는 것입니다. 피해자 인정을 위한 구체적인 절차와 필요 서류는 주민센터나 LH를 통해 안내받으실 수 있습니다.

| 전세사기피해자법의 3가지 기둥 축 |

독자 전세사기피해자법의 주요 내용은 무엇인가요?

정 변호사 전세사기피해자법은 크게 피해 예방과 피해자 지원, 그리고 가해자 처벌 강화라는 세 가지 축으로 구성되어 있습니다. 구체적인 내용을 쉽게 설명해 드리겠습니다.

먼저, 피해를 예방하기 위한 장치들이 마련되었습니다. 대표적으로 '전세보증금 반환 보증 제도'가 있어요. 3억 원 이상의 전세계약을 할 때는 반드시 보증보험에 가입해야 합니다. 마치 자동차 보험처럼, 나중에 문제가 생겼을 때 보증금을 안전하게 돌려받을 수 있게 해주는 안전장치예요. 또한 '부동산 거래정보 투명화'를 통해 계약 전에 꼭 필요한 정보들을 확인할 수 있게 되었습니다. 등기부등본이나 전세보증금 반환 위험도 정보 등을 통해 그 집에 대한 모든 정보를 미리 살펴볼 수 있죠. 마치 중고차를 살 때 차량 이력을 조회하는 것처럼요.

다음으로, 피해자 지원을 위한 다양한 제도가 있습니다. 피해자로 인정되면 임시주택을 제공받을 수 있고, 최대 2억 원까지 저금리로 대출도 가능합니다. 또한 법률상담이나 심리치료 지원도 받을 수 있어요. 전세사기피해지원위원회가 설치되어 이러한 지원을 체계적으로 관리하고 있습니다.

마지막으로, 전세사기범에 대한 처벌이 매우 강화되었습니다. 5

억 원 이상의 피해를 준 경우 최고 무기징역까지 선고할 수 있고, 범죄수익은 모두 몰수됩니다. 이는 전세사기가 단순한 재산범죄가 아닌, 서민의 주거안정을 위협하는 중대한 범죄라는 인식이 반영된 것이죠.

특히 주목할 만한 것은 '전세계약 신고 의무화'입니다. 계약 후 30일 이내에 반드시 신고해야 하며, 이를 통해 불법거래를 예방하고 나중에 분쟁이 생겼을 때 증거로도 활용할 수 있습니다. 이러한 제도들이 서로 맞물려 작동하면서 우리의 소중한 전세보증금을 지켜주는 든든한 버팀목이 되어주고 있습니다. 마치 여러 개의 안전장치가 함께 작동하며 우리를 보호하는 것처럼요.

독자 2024년 9월 개정된 내용으로 달라진 점은 무엇인가요?

정 변호사 2024년 9월에 개정된 전세사기피해자법은 기존 법의 미흡한 부분을 보완하고, 피해자 보호를 한층 강화했습니다. 주요 변경사항들을 알기 쉽게 설명해 드리겠습니다.

가장 큰 변화는 피해자 지원 범위가 확대된 것입니다. 기존에는 주택 전세계약자만 보호받을 수 있었는데, 이제는 상가 임차인도 일정 조건하에서 지원을 받을 수 있게 되었어요. 예를 들어, 작은 카페나 식당을 운영하시는 분들도 전세사기 피해를 입었다면 도움을 받을 수 있게 된 거죠.

두 번째로, 임시주택 지원 기간이 기존 2년에서 최대 4년으로 늘어났습니다. 이는 마치 긴 터널을 지나는 동안 더 밝은 불빛을 비춰주는 것과 같아요. 피해자들이 새로운 보금자리를 찾을 때까지 충분한 시간을 가질 수 있게 된 것입니다.

세 번째는 전세사기 실태조사가 정기적으로 이루어지게 됐어요. 6개월마다 한 번씩 전국의 전세사기 현황을 조사하고 분석합니다. 이를 통해 새로운 사기 수법이 발견되면 신속하게 대응할 수 있게 되었죠. 마치 질병을 예방하기 위해 정기검진을 하는 것과 비슷합니다.

또한, 피해자 구제를 위한 특별기금도 마련되었습니다. 이 기금으로 피해자들에게 더 실질적인 도움을 줄 수 있게 되었어요. 예를 들어, 법률상담비용 지원이나 임시주택 이전비용 등도 지원받을 수 있게 되었습니다.

피해자 판정 기준도 완화되었어요. 이전에는 까다로웠던 피해자 인정 절차가 좀 더 쉬워졌습니다. 특히 전세계약을 갱신하는 과정에서 발생한 피해도 인정되기 시작했어요. 계약연장 과정에서 피해를 입은 분들도 이제는 보호받을 수 있게 된 것이죠.

마지막으로, 전세사기 신고 포상금 제도가 새롭게 도입되었습니다. 전세사기 범죄를 신고하면 최대 1억 원까지 포상금을 받을 수 있게 되었어요. 이는 우리 모두가 전세사기 예방에 참여할 수 있도록 하는 제도입니다.

이러한 변화들은 마치 안전망에 더 촘촘한 그물을 씌운 것과 같습니다. 더 많은 피해자들이 더 든든한 지원을 받을 수 있게 되었고, 전세사기를 예방하는 체계도 한층 강화된 것이죠. 앞으로도 계속해서 법이 보완되면서 더욱 안전한 전세 시장이 만들어질 것으로 기대됩니다.

독자 전세사기 피해자로 인정받으려면 어떤 요건을 갖추어야 하나요?

정 변호사 전세사기 피해자로 인정받기 위한 요건을 알기 쉽게 설명해 드리겠습니다. 이는 마치 보험금을 청구할 때처럼 일정한 조건들이 필요한데요, 크게 기본 요건과 피해 상황 요건으로 나누어 이해하시면 좋습니다.

우선 기본 요건을 살펴보면, 실제 거주를 목적으로 전세계약을 체결한 무주택자여야 합니다. 여기서 중요한 점은 투자나 수익 목적이 아닌, 실제로 살기 위해 계약했어야 한다는 거예요. 또한 전세보증금이 5억 원 이하여야 하며, 본인이나 배우자 명의로 다른 주택을 소유하고 있으면 안 됩니다. 다음으로 피해 상황 요건을 보면, 사기나 속임수로 인해 전세보증금을 돌려받지 못한 경우여야 합니다. 예를 들어, 집주인이 이미 있는 대출을 숨기고 계약했거나, 가짜 서류로 계약한 경우가 이에 해당해요. 단순히 집주인이 경제적 어려움으로 보증금을 못 주는 경우와는 다르답니다. 특별히 주의하실 점은 계약 당시의 상황입니다. 등기부등본을 확인했는지, 실제 소유자와 계약했는지, 적절한 확인 절차를 거쳤는지 등이 중요해요. 마치 중고차를 살 때 차량 상태를 꼼꼼히 확인하는 것처럼, 계약 시 기본적인 주의 의무를 다했어야 합니다.

2024년 법 개정으로 인정 범위가 조금 더 넓어졌습니다. 계약갱신 과정에서 발생한 피해도 인정되기 시작했고, 소규모 상가 임차인도 일정 조건하에 피해자로 인정받을 수 있게 되었습니다. 피해자로 인정받기 위해서는 반드시 관할 지자체에 피해 신고를 해야 해요. 이때 필요한 서류들이 있는데, 전세계약서, 피해 입증 서류, 무주택자임을 증명하는 서류 등이 필요합니다. 마치 보험금 청구할 때처럼 관련 서류들을 잘 준비하셔야 해요. 사례를 들어보면, 서울에 사는 김 씨는 전세금 3억 원에 계약했는데, 나중에 알고 보니 집주인이 이미 4억 원의 대출이 있는 것을 숨기고 계약했습니다. 김 씨는 계약 전에 등기부등본도 확인했고, 적절한 주의도 기울였기에 피해자로 인정받아 지원을 받을 수 있었습니다. 이러한 요건들은 진정한 피해자를 보호하고 제도의 악용을 막기 위한 것입니다. 따라서 전세계약을 할 때부터 이러한 요건들을 잘 알아두시고, 문제가 생겼을 때 신속하게 대처하시는 것이 중요합니다.

독자 피해자로 인정되면 어떤 구체적인 지원을 받을 수 있나요?

정 변호사 전세사기 피해자로 인정되면 받을 수 있는 지원들을 자세히 설명해 드리겠습니다. 이 지원들은 피해자들이 안정적으로 일상생활로 복귀할 수 있도록 돕는 종합적인 지원 패키지라고 볼 수 있어요.

가장 시급한 주거 문제 해결을 위해 우선 임시주택을 제공받을 수 있습니다. LH나 SH공사에서 제공하는 임대주택에 최장 4년까지 거주할 수 있어요. 임대료도 시세보다 훨씬 저렴하게 책정되어 있어서 부담이 적습니다. 예를 들어, 시중에서 월세 100만 원 정도 하는 집을 30만 원 정도의 임대료로 살 수 있는 거죠.

금전적인 지원도 받을 수 있습니다. 긴급생활안정자금으로 최대 2억 원까지 저금리 대출을 받을 수 있어요. 이자율도 일반 대출보다 훨씬 낮은 연 1.2퍼센트 수준입니다. 마치 긴급 구호 자금처럼, 당장의 주거비용이나 생활비를 마련할 수 있게 도와주는 거죠.

법률 지원도 빼놓을 수 없는 중요한 부분입니다. 대한법률구조공단을 통해 무료 법률상담을 받을 수 있고, 필요한 경우 소송 지원도 받을 수 있어요. 변호사 선임비용이 부담되시는 분들에게 특히 도움이 되는 제도입니다.

심리 회복을 위한 지원도 마련되어 있습니다. 전문 상담사와의 상담 서비스를 무료로 받을 수 있어요. 전세사기로 인한 정신적 충격과 스트레스를 극복하는 데 실질적인 도움을 받을 수 있습니다.

취업 지원 서비스도 제공됩니다. 고용노동부와 연계하여 취업상담, 직업훈련, 일자리 알선 등을 받을 수 있어요. 갑작스러운 피해로 경제적 어려움을 겪는 분들이 재기할 수 있도록 돕는 거죠.

특히 2024년부터는 임시주택 이전비용과 같은 실질적인 이사비용도 지원받을 수 있게 되었습니다. 또한 피해자 가족에 대한 지원도 확대되어, 자녀 학비 지원이나 생활필수품 지원 같은 혜택도 받을 수 있어요.

이러한 지원들은 한꺼번에 신청할 수 있습니다. 주민센터나 LH를 통해 한 번의 신청으로 필요한 지원들을 모두 받을 수 있도록 통합 지원 시스템이 마련되어 있어요. 다만, 이러한 지원들은 정해진 예산 안에서 이루어지기 때문에, 빠른 신청이 중요합니다. 또한 지원받은 후에도 정기적으로 상황을 보고해야 하며, 허위나 과장된 신청은 지원 취소는 물론 법적 책임을 질 수 있으니 주의하셔야 합니다.

| 전세사기피해지원위원회의 역할 |

독자 전세사기피해지원위원회는 어떤 역할을 하나요?

정 변호사 전세사기피해지원위원회는 전세사기 피해자들을 돕기 위해 설립된 특별 기구입니다. 쉽게 말씀드리면, 이 위원회는 전세사기 피해자들을 위한 종합 지원 본부와 같은 역할을 한다고 보시면 됩니다.

위원회의 가장 중요한 역할은 피해자 인정 여부를 심사하는 것입니다. 마치 의료보험 심사평가원이 의료비 지원을 결정하는 것처럼, 이 위원회에서 누가 전세사기 피해자로 인정받을 수 있는지를 심사하고 결정합니다. 심사는 매달 정기적으로 이루어지며, 긴급한 경우 수시로도 진행됩니다.

또한 위원회는 피해자들에게 제공되는 다양한 지원 내용을 결정하고 관리합니다. 임시주택 제공, 생활안정자금 대출, 법률 지원, 심리상담 등 피해자들이 받을 수 있는 모든 지원을 체계적으로 관리하고 조정하는 거죠. 사례를 보면, 서울의 한 피해자는 위원회를 통해 임시주택과 생활안정자금을 신속하게 지원받았습니다. 위원회는 이 피해자의 상황을 종합적으로 검토하여 가장 적절한 지원 방안을 결정했고, 덕분에 피해자는 빠르게 일상을 회복할 수 있었다고 합니다.

위원회는 전세사기 예방을 위한 교육과 홍보활동도 담당합니다. 정기적으로 전세사기 예방 가이드라인을 발표하고, 새로운 사기 수법에 대한 경보를 발령하기도 합니다. 마치 소비자보호원이 소비자 피해를 예방하기 위해 정보를 제공하는 것과 비슷하죠.

2024년부터는 위원회의 역할이 더욱 확대되었습니다. 전세사기 실태조사를 정기적으로 실시하고, 피해자 지원정책을 개발하는 등 더 적극적인 역할을 수행하게 되었어요. 특히 피해자 구제를 위한 특별기금 운영도 위원회의 중요한 새로운 역할입니다.

위원회는 법조계, 부동산 전문가, 금융 전문가, 심리상담사 등 다양한 분야의 전문가들로 구성되어 있습니다. 이렇게 여러 분야의 전문가들이 함께 모여 피해자들에게 가장 효과적인 도움을 줄 수 있는 방안을 찾고 있죠. 도움이 필요하신 분들은 국토교통부 누리집이나 피해자지원센터(1600-1004)를 통해 위원회에 연락하실 수 있습니다. 위원회는 365일 상시 운영되며, 긴급한 경우 신속 심사를 통해 즉각적인 지원도 가능합니다. 이처럼 전세사기피해 지원위원회는 피해자들의 든든한 버팀목이 되어주고 있습니다. 마치 119 구조대처럼 전세사기 피해자들을 위한 긴급 구조와 지원을 책임지고 있는 것이죠.

독자 실제로 이 법을 통해 피해를 회복한 사례를 소개해 주세요.

정 변호사 최근 전세사기피해자지원법을 통해 도움을 받은 사례들을 소개해 드리겠습니다. 이를 통해 법이 어떻게 피해자들의 일상 회복을 도왔는지 이해하실 수 있을 거예요. 서울에 사는 모 씨(35세) 부부의 사례를 먼저 말씀드리면, 이 부부는 신혼집으로 4억 원짜리 전세 아파트를 계약했는데, 입주 직전 집주인이 잠적했다는 것을 알게 되었어요. 알고 보니 집주인은 이미 6억 원의 대출이 있는 상태였고, 보증금을 돌려받기 어려운 상황이었죠. 하지만 전세사기피해자지원법 덕분에 이 부부는 빠르게 도움을 받을 수 있었습니다. 우선 LH에서 제공하는 임시주택에 입주했고, 긴급생활안정자금 1억 원을 저금리로 대출받았어요. 또한 법률구조공단의 도움으로 무료 법률상담과 소송 지원도 받았습니다.

또 다른 사례입니다. 취업 준비생이었던 모 씨(28세)는 보증금 2억 원의 전세방을 계약했다가 피해를 입었어요. 다행히 전세사기피해자지원법을 통해 임시주택을 지원받았고, 취업 지원 서비스도 함께 받아 현재는 안정적인 직장에 취업한 상태입니다.

특히 인상적인 것은 부산의 모 씨 가족의 경우입니다. 세 자녀를 키우는 모 씨(45세)는 전세사기로 3억 원의 보증금을 잃을 뻔했지만, 법의 도움으로 가족 모두가 안정을 찾았어요. 자녀들의 학비 지원까지 받을 수 있었고, 심리상담을 통해 가족 모두의 정서적 안정도 되찾았습니다.

2024년 법 개정 이후에는 더 많은 피해자들이 도움을 받고 있습니다. 상가 임차인이었던 모 씨(40세)는 개정된 법 덕분에 피해자로 인정받아 지원을 받을 수 있었죠. 작은 카페를 운영하다 전세사기를 당했지만, 임시점포 지원과 긴급자금 대출로 새로운 시작을 할 수 있었습니다.

이러한 사례들은 전세사기피해자지원법이 단순한 법조문이 아닌, 실제로 어려움에 처한 사람들의 삶을 회복시키는 든든한 버팀목이 되고 있음을 보여줍니다. 특히 주거 지원부터 심리상담, 취업 지원까지 종합적인 지원을 통해 피해자들이 일상으로 돌아갈 수 있도록 돕고 있죠. 이런 사례들을 통해 우리가 배울 수 있는 것은, 문제가 발생했을 때 혼자 고민하지 말고 즉시 관련 기관에 도움을 요청해야 한다는 점입니다. 전세사기피해자지원센터(1600-1004)에서는 24시간 상담이 가능하며, 빠른 도움을 받으실 수 있습니다.

독자 전세사기 피해를 예방하려면 어떤 점들을 확인해야 하나요?

정 변호사 전세사기를 예방하기 위해서는 꼭 확인해야 할 사항들이 있습니다. 마치 중요한 시험 전 체크리스트를 확인하듯이, 계약 전에 반드시 살펴봐야 할 내용들을 자세히 설명해 드리겠습니다.

가장 먼저 해야 할 것은 등기부등본 확인입니다. 등기부등본은 그 집의 모든 이력이 기록된 '집의 신분증'이라고 생각하시면 됩니다. 특히 근저당권이나 전세권 설정 여부를 꼼꼼히 봐야 해요. 은행 대출이 너무 많거나 다른 전세권자가 있다면 위험 신호입니다. 두 번째로 중요한 것은 실소유자의 확인입니다. 계약하시는 분이 진짜 집주인이 맞는지 반드시 확인하셔야 해요. 신분증을 꼭 확인하고, 등기부등본상 소유자와 일치하는지 대조해 보세요. 가짜 주인과 계약하는 사례가 의외로 많답니다. 현장 방문도 필수입니다. 부동산 앱에서 보는 사진과 실제 모습이 다를 수 있어요. 특히 방문 시에는 실제 거주자가 있는지, 집의 상태는 어떤지 꼼꼼히 살펴보세요. 마치 중고차를 살 때 직접 시운전을 해보는 것처럼, 집도 직접 보고 확인하는 게 중요합니다.

전세가격이 시세보다 현저히 낮다면 의심해 봐야 합니다. 국토교통부 실거래가 공개 시스템에서 주변 시세를 확인해 보세요. 시세보다 20퍼센트 이상 저렴하다면 반드시 이유를 확인하셔야 합니다. "공짜로 주는 치즈는 쥐덫에만 있다"는 말처럼, 너무 좋은 조건은 의심해 볼 필요가 있어요.

전세보증금 반환보증보험 가입도 필수입니다. 보험료가 조금 부담될 수 있지만, 보증금을 지키는 안전장치라고 생각하세요. 예를 들어 보증금 3억 원 전세의 경우 보험료 60만 원 정도로 3억 원을 지킬 수 있답니다.

공인중개사를 통해 계약할 때는 중개사무소의 등록 여부도 확인하세요. 국가공인중개사가 맞는지, 중개사무소 등록증은 있는지 살펴보셔야 합니다. 또한 중개사가 제공하는 정보가 실제와 일치하는지도 꼭 대조해 보세요.

계약서 작성 시에는 특약사항을 자세히 기재하는 것이 좋습니다. 보증금 반환 조건, 수리비 부담 주체, 계약 해지 조건 등을 명확히 써넣으세요. 나중에 분쟁이 발생했을 때 중요한 근거가 됩니다. 2024년부터는 LH 매입약정 전세 제도를 활용하시는 것도 좋은 방법입니다. LH가 보증인이 되어주는 이 제도를 이용하면 보증금 반환을 더욱 안전하게 보장받을 수 있어요.

마지막으로 계약금을 먼저 주거나 현금으로 거래하는 것은 피하세요. 계약금은 계약서 작성과 동시에 지급하고, 모든 거래는 반드시 은행 계좌이체로 해야 합니다. 이것은 마치 안전벨트를 매는 것처럼 기본적인 안전수칙이에요.

이러한 체크리스트를 하나하나 확인하는 것이 번거로울 수 있지만, 수억 원의 보증금을 지키기 위해서는 꼭 필요한 과정입니다. "돌다리도 두드려보고 건너라"는 속담처럼, 꼼꼼한 확인이 여러분의 소중한 보증금을 지키는 열쇠가 될 것입니다.

독자 이미 피해를 입은 경우 어떤 절차로 도움을 받을 수 있나요?

정 변호사 전세사기 피해를 당하신 분들을 위한 구체적인 도움받기 절차를 설명해 드리겠습니다. 많은 피해자분들이 막막함을 느끼시지만, 체계적인 지원 시스템이 마련되어 있으니 침착하게 따라하시면 됩니다. 가장 먼저 전세사기 피해자 원스톱지원센터(1600-1004)에 연락하셔야 합니다. 이곳은 24시간 운영되며, 전문 상담사가 여러분의 상황을 정확히 파악하고 즉시 도움을 드립니다. 마치 응급실처럼, 가장 시급한 문제부터 해결방안을 찾아드리죠. 무엇보다 중요한 것은 피해 상황에 대한 증거를 수집해야 합니다. 계약서, 입금증명서, 문자메시지, 통화내역 등 거래와 관련된 모든 자료를 정리해 두세요. 특히 계좌이체 내역이나 계약 관련 녹음, 사진 등도 중요한 증거가 될 수 있습니다.

그 다음 단계는 경찰서 신고입니다. 요즘은 온라인으로도 신고가 가능해요. 신고 시에는 앞서 모은 증거자료들을 함께 제출하시면 됩니다. 경찰은 이를 바탕으로 수사를 시작하고, 가해자 검거와 피해금 회수를 위해 노력합니다. 동시에 전세사기피해자지원위원회에 지원 신청을 하세요. 위원회는 여러분의 상황을 검토하여 임시주택, 긴급생활안정자금, 법률 지원 등 필요한 지원을 결정합니다. 예를 들어, 당장 이사할 곳이 필요한 경우 LH 임시주택을 제공받을 수 있어요.

법적 대응도 중요합니다. 대한법률구조공단에서는 전세사기 피해자를 위한 무료 법률상담과 소송 지원을 제공합니다. 변호사 선임비용이 부담되시는 분들도 걱정하지 마세요. 피해자 지원 제도를 통해 법률비용을 지원받을 수 있습니다.

사례를 보면, 서울의 한 피해자는 신고 당일에 임시주택을 배정받았고, 1주일 내에 긴급생활안정자금도 지원받았습니다. 또한 법률구조공단의 도움으로 민사소송을 진행하여 6개월 만에 보증금 일부를 돌려받을 수 있었죠.

2024년부터는 피해자 구제 절차가 더욱 간소화되었습니다. 원스톱지원센터에서 한 번의 신청으로 모든 지원을 받을 수 있게 되었고, 심리상담이나 취업 지원 같은 생활 안정 서비스도 확대되었어요. 같은 가해자에게 피해를 입은 경우에는 집단소송도 가능합니다. 피해자들이 함께 대응하면 소송비용도 줄일 수 있고, 승소 가능성도 높아집니다. 마치 여러 사람이 힘을 모아 무거운 짐을 들어 올리는 것처럼요. 도움을 받는 과정에서 혹시라도 어려움을 겪으신다면, 주저하지 마시고 다시 원스톱지원센터로 연락하세요. 전문 상담사들이 여러분의 상황에 맞는 최적의 해결방안을 찾아드릴 것입니다. 이처럼 체계적인 지원 시스템이 마련되어 있으니, 혼자 고민하지 마시고 반드시 도움을 요청하세요. 여러분의 권리를 지키고 일상을 회복하는 것, 그것이 바로 이 법의 존재 이유입니다.

| 전세사기피해자법의 향후 방향성 |

독자 앞으로 이 법이 나아가야 할 방향은 무엇일까요?

정 변호사 전세사기피해자법이 시행된 지 얼마 되지 않았지만, 더 나은 미래를 위해 우리가 함께 고민해야 할 발전 방향들이 있습니다. 마치 새로 지은 집을 더 살기 좋게 만들어가는 것처럼, 이 법도 계속해서 발전시켜 나가야 해요.

가장 시급한 것은 예방 시스템의 강화입니다. 현재는 사고가 난 후의 대책에 중점을 두고 있지만, 앞으로는 사전 예방이 더욱 중요해질 것입니다. 예를 들어, 전세계약 전에 임대인의 대출 이력이나 전세사기 이력을 쉽게 확인할 수 있는 통합 조회 시스템이 필요해요. 마치 신용등급을 확인하듯이, 임대인의 신뢰도를 미리 확인할 수 있어야 합니다.

보호 대상의 확대도 필요합니다. 현재는 주거용 전세계약자만 보호받을 수 있어요. 하지만 소규모 자영업자들의 상가 임대차 피해도 심각합니다. 생계를 위해 상가를 임대한 소상공인들도 보호받을 수 있도록 법의 범위를 넓혀야 해요.

디지털 시대에 맞는 제도 보완도 시급합니다. 요즘은 부동산 앱이나 SNS를 통한 신종 전세사기가 늘고 있어요. 온라인 플랫폼에서의 허위매물 단속이나 디지털 계약 시스템의 안전장치 강화가 필요한 시점입니다.

피해자 지원 제도도 더욱 촘촘해져야 합니다. 현재의 임시주택 2년 지원으로는 부족한 경우가 많아요. 소송이 길어지거나 보증금 회수가 늦어지는 경우를 대비해, 상황에 따라 지원 기간을 연장할 수 있는 탄력적인 제도(현재 4년까지 연장 가능)가 필요합니다.

특별기금의 확충도 중요한 과제입니다. 현재의 기금으로는 늘어나는 피해자들을 충분히 지원하기 어려워요. 더 많은 재원을 확보하여, 피해자들이 실질적인 도움을 받을 수 있도록 해야 합니다.

법 집행의 효율성도 높여야 합니다. 지금은 피해 신고부터 지원까지 행정 절차가 복잡하고 시간이 오래 걸리는 편이에요. 원스톱 처리 시스템을 더욱 발전시켜, 피해자들이 빠르고 간편하게 도움을 받을 수 있어야 합니다.

처벌 규정도 더욱 강화될 필요가 있습니다. 전세사기는 단순한 재산범죄가 아닌, 서민의 주거권을 위협하는 중대한 범죄입니다. 그에 걸맞은 강력한 처벌과 함께, 범죄수익 환수도 더욱 철저히 이루어져야 해요.

다행히 2024년에 이러한 문제점들을 개선하기 위한 법 개정이 진행되었습니다. 상가 임차인 보호조항 신설, 지원 기간 연장, 기금 확대 등이 논의되었죠. 하지만 가장 중요한 것은 우리 모두의 관심과 참여입니다. 아무리 좋은 법이라도 시민들의 적극적인 참여가 없다면 그저 문서상의 규칙에 그치고 말 것입니다. 전세사기 예방을 위한 교육에 참여하고, 의심스러운 정황이 있다면 신고하는 등 우리 모두가 감시자가 되어야 합니다.

전세사기피해자법은 앞으로도 계속 발전해 나가야 합니다. 마치 우리 사회가 성장하듯이, 이 법도 더 나은 주거 환경을 만들어가는 밑거름이 되어야 할 것입니다. 모든 사람이 안심하고 살 수 있는 대한민국을 만드는 것, 그것이 바로 이 법이 나아가야 할 방향일 것입니다.

독자 전세사기피해자법에 대해 많은 걸 알게 되었어요. 유익한 시간이었습니다.

정 변호사 전세사기피해자법은 우리 사회의 약속이자 희망입니다. 집은 단순한 건물이 아닌, 우리의 꿈과 미래가 시작되는 소중한 공간이기 때문입니다. 전세보증금을 잃는다는 것은 단순히 돈을 잃는 것이 아니라, 한 가정의 삶의 터전과 희망이 무너지는 일이기에 더욱 아픕니다. 이 법은 마치 우산과 같습니다. 맑은 날에는 필요 없지만, 갑자기 비가 내릴 때 우리를 지켜주는 소중한 도구가 되죠. 하지만 우산이 낡지 않도록 관리하고, 더 튼튼하게 보완하는 것처럼, 이 법도 계속해서 발전시켜 나가야 합니다.

2024년, 이제 막 걸음마를 뗀 전세사기피해자법이 앞으로 더욱 성장하여 모든 국민이 안심하고 살 수 있는 든든한 버팀목이 되어주기를 바랍니다. 그리고 언젠가는 이런 법이 필요 없을 만큼 안전하고 신뢰할 수 있는 주거 문화가 정착되기를 희망합니다.

우리 모두의 관심과 참여로 이 법이 더욱 단단해지고, 모든 사람이 안심하고 살 수 있는 대한민국을 만들어나갈 수 있기를 기대합니다.

| 전세사기피해자법 요약 |

①개념

전세사기피해자법은 전세사기 피해자들의 신속한 구제와 주거안정을 도모하기 위해 제정된 법률로서 정식 명칭은 '전세사기 피해자 지원 및 주거안정에 관한 특별법'입니다. 전세사기 피해자들에 대한 경·공매 절차 특례와 조세 징수 특례를 부여하고, 실질적인 금융 지원을 제공하는 것이 전세사기피해자법의 핵심입니다.

②역사

전세사기 피해가 전국적으로 확산되면서 2023년 6월 1일 최초로 시행되었습니다. 이후 더욱 효과적인 피해자 보호를 위해 2024년 9월 10일 법이 개정되었으며, 새로운 조항들은 2024년 11월 11일부터 시행됩니다. 특히 개정법에서는 6개월마다 전세사기의 유형과 피해 규모에 대한 실태조사를 실시하고 이를 국회에 보고하도록 의무화하여, 더욱 효과적인 피해자 보호 체계를 구축하게 되었습니다.

③주요 내용

전세사기 피해자로 인정받기 위해서는 우선 주택 인도와 주민등록을 완료하고 확정일자를 받아야 합니다. 임차보증금은 기본적으로 5억 원 이하여야 하나, 지역 특성에 따라 전세사기피해지원위원회가 2억 원 범위 내에서 상향 조정할 수 있습니다. 또한 2인 이상의 임차인에게 피해가 발생했거나 예상되는 상황이어야 하며, 임대인의 기망 의도가 입증되어야 합니다. 피해자로 인정되면 피해 사실 조사부터 시작하여 피해 주택 매입, 법률상담, 금융 지원, 주거 지원 등 종합적인 지원을 받을 수 있습니다.

④찬반 논란 및 핵심 쟁점

법 시행 이후 가장 큰 논란이 되는 것은 피해자 인정 범위의 문제입니다. 현재의 기준이 너무 엄격하다는 의견과 적절하다는 의견이 대립하고 있습니다. 또한 지원 금액의 형평성 문제도 제기되고 있는데, 특히 지역별 주택 가격 차이를 고려할 때 획일적인 기준이 적절한지에 대한 논의가 계속되고 있습니다. 더불어 사후 구제도 중요하지만 임대인 검증 시스템 구축이나 보증보험 의무화 등 실효성 있는 예방 대책의 필요성도 주요 쟁점으로 떠오르고 있습니다.

⑤사례 및 최근 동향

최근 가장 많이 발생하는 전세사기 피해 유형은 무자본 갭투자와 이중계약입니다. 특히 특정 건축물, 즉 무허가 건물이나 사용승인을 받지 못한 건물에서의 피해도 증가하고 있습니다. 전세사기피해지원위원회는 이러한 다양한 유형의 피해 사례들을 검토하여 피해자 인정 여부를 결정하고 있으며, 6개월마다 실시되는 실태조사를 통해 피해 현황과 지원 효과를 지속적으로 모니터링하고 있습니다.

⑥핵심 요약

전세사기피해자법은 피해자 보호와 주거안정이라는 두 가지 목표를 달성하기 위한 특별법입니다. 2024년 개정을 통해 피해자 지원 범위가 확대되었으며, 정기적인 실태조사를 통한 모니터링 체계가 강화되었습니다. 전세사기피해지원위원회를 중심으로 피해자 인정과 지원이 이루어지며, 다른 법률에 우선하여 적용됩니다. 앞으로도 피해 예방과 구제를 위한 제도적 보완이 지속될 것으로 예상됩니다.

일상의 안전망을 지키는 정의의 방패 _보험사기방지특별법

우리는 살면서 수많은 위험과 마주합니다. 갑작스러운 질병, 예기치 못한 사고, 자연재해……. 이런 불확실성 속에서 우리를 지켜주는 것이 바로 '보험'입니다. 하지만 이런 보험을 악용하는 사례가 늘어나면서 심각한 사회 문제가 되었습니다. 2022년 한 해 동안 적발된 보험사기 금액이 무려 9800억 원에 달했고, 이는 국민 한 사람당 약 2만 원씩 피해를 보는 셈입니다.

많은 분들이 "보험사기가 뭐 그리 큰 문제인가요?"라고 생각하실 수 있습니다. 하지만 보험사기는 결코 '피해자 없는 범죄'가 아닙니다. 보험사기로 인한 손실을 메우기 위해 선의의 가입자들이 더 많은 보험료를 내야 하고, 때로는 보험금을 노린 의료사고처럼 생명을 위협하는 경우도 있습니다. 이런 문제들을 해결하기 위해 2016년 '보험사기방지특별법'이 제정되었습니다. 이 법이 생긴 후 보험사기 적발 건수가 2배 이상 증가했고, 전담 수사팀 신설과 신고 포상금 제도가 도입되었습니다. 특히 2024년 개정으로 처벌이 더욱 강화되어, 이제는 보험사기로 5000만 원 이상의 이득을 취하면 최대 징역 10년까지 선고받을 수도 있습니다.

이 장에서는 우리의 일상을 지키는 사회 안전망인 보험을 더욱 튼튼하게 만드는 보험사기방지특별법에 대해 알아보겠습니다. 진화하는 보험사기 수법과 그에 대한 대응, 개인정보 보호와의 균형, 그리고 우리가 알아야 할 실질적인 대처 방법까지 함께 살펴보도록 하겠습니다. 보험사기는 더 이상 남의 일이 아닙니다. 우리 모두가 관심을 가지고 지켜야 할 소중한 안전망이기 때문입니다.

| 우리 모두의 안전과 보호, 보험사기방지특별법 |

독자 보험사기가 정확히 무엇이고, 왜 특별법까지 만들어져야 했나요?

정 변호사 보험사기가 무엇인지 간단한 예시로 설명해 드리겠습니다. 회사가 갑자기 문을 닫아 생활이 어려워진 사람이 보험금을 받기 위해 일부러 교통사고를 내는 경우를 생각해 볼 수 있습니다. 법률적으로 보험사기란 '보험금을 부정하게 받을 목적으로 사고를 가장하거나 피해를 과장하는 행위'를 말합니다. 이러한 보험사기가 점점 더 조직화되고 지능화되면서 일반 형법만으로는 대처하기 어려워졌습니다. 예를 들어 병원, 정비소, 보험설계사가 서로 공모하여 가짜 진단서를 발급하거나 수리비를 부풀리는 등 복잡한 수법이 등장했죠. 또한 보험사기로 인한 피해액이 매년 증가하여 2015년에는 무려 7000억 원을 넘어섰습니다. 이에 정부는 2016년 보험사기방지특별법을 제정했습니다. 이 법은 보험사기에 대한 처벌을 강화하고, 보험사기를 전문적으로 수사할 수 있는 체계를 만들었습니다. 특히 보험사기 조사 권한과 함께 개인정보 보호 의무도 강화하여 균형 잡힌 법 집행이 가능하도록 했습니다. 결국 이 특별법은 보험이라는 사회 안전망을 지키고, 선량한 보험 가입자들의 피해를 막기 위해 만들어진 것입니다. 우리 모두의 안전과 권리를 지키는 중요한 법이라고 할 수 있습니다.

독자 실제로 어떤 행위들이 보험사기에 해당하나요?

정 변호사 아주 중요한 질문이에요. 보험사기는 생각보다 우리 주변에서 자주 일어나는데, 크게 세 가지 유형으로 나눌 수 있습니다. 가장 심각한 것이 '고의사고형' 보험사기입니다. 말 그대로 일부러 사고를 내는 것이죠. 예를 들어 보험금을 받을 목적으로 일부러 교통사고를 내거나, 건물에 불을 지르는 경우가 여기에 해당합니다. 실제로 몇 년 전 부산의 한 병원에서는 10명의 환자가 보험금을 노리고 허위로 무릎 수술을 받았다가 적발되기도 했습니다.

두 번째는 '과잉청구형'입니다. 실제로 일어난 사고나 질병을 실제보다 부풀리는 것이죠. 예를 들어 가벼운 접촉사고를 큰 사고인 것처럼 꾸미거나, 실제로는 일주일만 입원했는데 한 달 동안 입원한 것처럼 서류를 조작하는 경우입니다.

마지막으로 '허위청구형'이 있습니다. 이는 아예 없는 일을 만들어내는 것으로, 전혀 발생하지 않은 사고로 보험금을 청구하거나, 이미 완치된 병을 계속 치료하는 것처럼 속이는 경우입니다. 최근에는 다른 사람의 보험증을 도용하는 사례도 늘어나고 있습니다.

특히 주의해야 할 점은, 가볍게 시작했더라도 보험사기에 휘말릴 수 있다는 것입니다. 예를 들어 실제 교통사고가 났을 때 병원이나 정비소에서 "보험 처리하는 김에 조금 더 청구하자"라고 제안하는 경우가 있는데, 이런 제안을 받아들이면 보험사기에 가담한 게 됩니다. 따라서 보험금을 청구할 때는 항상 실제 피해 사실만을 정확하게 신고하는 것이 중요합니다. 사소한 과장이나 허위청구도 엄연한 보험사기라는 점을 꼭 기억해 두세요.

독자 그러면 저도 모르게 보험사기에 연루될 수 있나요?

정 변호사 네, 안타깝게도 선의의 피해자가 보험사기에 연루되는 경우가 적지 않습니다. 사례를 하나 더 들려드리겠습니다. 직장인 모 씨는 병원에서 물리치료를 받던 중, 의료진으로부터 "실제로 받지 않은 치료도 받은 것처럼 해주면 보험금을 나눠주겠다"는 제안을 받았습니다. 당시 급전이 필요했던 그는 잠시 고민했지만, 다행히 이것을 거절했다고 합니다. 이처럼 보험사기는 종종 매우 자연스러운 제안의 형태로 다가올 수 있습니다. 특히 병원이나 정비소 등에서 "큰돈 들이지 않고 보험으로 처리하자"며 접근하는 경우가 많습니다. 실제 사고나 질병이 있을 때 과잉청구를 권유하거나, 다른 사람의 보험증을 잠시 빌려 쓰자고 제안하는 것이 대표적입니다. 이런 상황에 처하면 어떻게 해야 할까요? 우선 금전적 이익을 미끼로 한 어떠한 제안도 단호하게 거절해야 합니다. 의심스러운 상황이 발생하면 즉시 보험회사나 금융감독원에 문의하시는 것이 안전합니다. 특히 최근에는 SNS를 통해 "쉽게 돈 벌 수 있다"며 보험사기를 제안하는 사례도 늘고 있습니다. 이런 제안을 받아들였다가는 보험사기 공범이 되어 형사 처벌을 받을 수 있습니다. 게다가 전과자가 되면 취업이나 출입국 시에도 큰 불이익을 받게 됩니다. 순간의 유혹에 넘어가지 마세요. 보험사기는 결코 피해자 없는 범죄가 아니며, 자칫 당신의 인생을 완전히 망칠 수 있다는 점을 꼭 기억하시기 바랍니다.

| 2022년 보험사기액 9800억 원 |

독자 보험사기가 개인과 사회에 어떤 피해를 주나요?

정 변호사 많은 분들이 보험사기를 '피해자 없는 범죄'라고 생각하시는데, 실제로 보험사기는 우리 모두에게 심각한 피해를 주는 범죄입니다. 구체적인 사례를 통해 설명해 드리겠습니다. 가령 매월 10만 원씩 보험료를 내고 있는 사람이 있다고 합시다. 그런데 보험사기로 인한 보험회사의 손실이 늘어나면서 보험료가 인상되면, 이제는 12만 원을 내야 한다는 통보를 받게 되겠죠. 이처럼 보험사기는 선량한 보험 가입자들의 부담을 증가시킵니다. 실제로 한 연구에 따르면, 우리나라 국민 한 사람당 보험사기로 지출되는 비용으로 인해 연간 약 2만 원의 추가 보험료를 부담하고 있습니다.

더 심각한 것은 생명과 직결된 피해입니다. 몇 년 전 어떤 병원에서는 보험금을 노리고 건강한 사람의 맹장을 제거하는 수술을 했다가 환자가 패혈증으로 목숨을 잃을 뻔한 사건이 있었습니다. 또한 고의 교통사고로 인해 무고한 시민들이 다치는 경우도 가끔 발생하고 있습니다.

사회적으로도 큰 문제가 됩니다. 2022년에는 한 해 동안 적발된 보험사기 금액이 9800억 원에 달했는데, 이는 중학교 100개를 지을 수 있는 금액이라 합니다. 이런 보험사기를 조사하고 처리하는 과정에서 발생하는 사회적 비용도 막대합니다. 또한 보험사기는 의료 시스템의 신뢰도도 떨어뜨립니다. 병원과 환자 간의 신뢰가 무너지면, 정작 치료가 필요한 환자들이 제대로 된 치료를 받지 못하는 상황이 발생할 수 있습니다. 결국 보험사기는 우리 사회의 안전망을 무너뜨리는 중대한 범죄입니다. 당장은 보험금을 부정하게 타내는 것이 이득이라고 생각할 수 있지만, 그 피해는 고스란히 우리 모두에게 돌아온다는 것을 기억해야 합니다.

독자 보험사기는 일반 사기죄와 어떻게 다른가요?

정 변호사 보험사기와 일반 사기는 '남을 속여서 재산상 이익을 얻는다'는 점에서는 비슷해 보이지만, 실제로 자세히 보면 매우 다른 특징을 가지고 있습니다.

우선 일반 사기는 대부분 특정 피해자가 있습니다. 예를 들어 중고차를 속여 팔았다면 그 차를 산 사람이 직접적인 피해자가 되죠. 하지만 보험사기는 보험회사뿐만 아니라 모든 보험 가입자에게 피해가 갑니다. 보험료 인상으로 이어져 결국 우리 모두가 피해자가 되는 셈입니다.

또한 보험사기는 일반 사기보다 더 교묘하고 지능적입니다. 병원, 정비소, 보험설계사 등 여러 전문가들이 공모하는 경우가 많아서 수사가 쉽지 않습니다. 실제로 한 통계를 보면, 보험사기의 약 40퍼센트가 이런 전문가들이 관여한 조직적인 범죄임을 알 수 있습니다.

바로 이런 특수성 때문에 보험사기방지특별법이 만들어졌습니다. 이 법에 따르면 보험사기는 일반 사기죄보다 더 무겁게 처벌됩니다. 일반 사기는 기본적으로 10년 이하의 징역이나 2000만 원 이하의 벌금에 처하지만, 보험사기는 그 금액이나 수법에 따라 최대 징역 20년까지 선고될 수 있습니다.

게다가 보험사기는 수사 방법도 다릅니다. 일반 사기는 피해자의 고소가 있어야 수사가 시작되는 경우가 많지만, 보험사기는 금융감독원이나 보험회사의 특별조사팀이 상시 모니터링을 하면서 수사기관과 협력합니다.

특히 주목할 점은 보험사기의 '부정청구이익'이라는 개념입니다. 이는 보험사기로 얻으려 한 이익금액을 뜻하는데, 이 금액에 따라 처벌 수위가 달라집니다. 예를 들어 5억 원 이상의 부정청구이익을 노린 경우에는 무조건 실형을 선고받게 됩니다.

결론적으로 보험사기는 단순한 사기가 아니라 우리 사회의 안전망을 위협하는 중대 범죄로 보고, 더욱 엄격하게 다루고 있다는 점을 이해하시면 좋겠습니다.

독자 보험사기를 저지르면 실제로 어떤 처벌을 받게 되나요?

정 변호사 보험사기는 처음에는 가벼운 거짓말 정도로 시작할 수 있으나, 실제 처벌은 상당히 무겁습니다. 최근 실제 사례를 통해 설명해 드리겠습니다. 회사원 모 씨는 교통사고 후 실제 입원 기간보다 3일을 더 늘려서 보험금을 청구했다가 적발되었습니다. 불과 50만 원을 더 받으려다가 징역 6개월에 집행유예 2년을 선고받았습니다. 결국 전과자가 되어 앞으로의 인생에 큰 오점을 남기게 되었습니다.

보험사기방지특별법에 따른 처벌 수위를 보면, 일반적인 보험사기의 경우 부정청구 금액이 5000만 원 미만이면 징역 3년 이하 또는 벌금 3000만 원 이하의 처벌을 받게 되며, 5000만 원 이상이면 징역 5년 이하 또는 벌금 5000만 원 이하로 처벌이 더 무거워집니다. 특히 여러 사람이 공모하거나 치밀하게 계획된 보험사기는 더욱 엄중하게 다룹니다. 이런 경우에는 징역 10년 이하 또는 벌금 1억 원 이하의 처벌을 받을 수 있으며, 상습범으로 적발되면 처벌이 1.5배로 늘어납니다. 형사 처벌 외에도 여러 가지 불이익이 따릅니다. 보험사기 이력이 있으면 향후 보험 가입이 거절되거나 제한될 수 있고, 정당한 보험금 청구를 해도 까다로운 심사를 거치게 됩니다. 또한 신용등급이 하락해서 대출이나 신용카드 발급에도 어려움을 겪을 수 있습니다. 무엇보다 전과자라는 기록은 취업이나 해외여행에도 제약이 됩니다. 한순간의 잘못된 선택이 평생의 걸림돌이 될 수 있다는 점을 꼭 기억해 두시기 바랍니다.

독자 실제 처벌 사례에는 어떤 것들이 있나요?

정 변호사 최근 있었던 실제 처벌 사례들을 통해 보험사기의 심각성을 말씀드리겠습니다.

가장 대표적인 사례로 한 정형외과 사건을 들 수 있습니다. 이 병원에서 환자 100여 명과 공모하여 실제로는 하지 않은 수술을 한 것처럼 서류를 조작해 보험금을 타냈습니다. 담당 의사는 징역 5년 형을 선고받았고, 의사 면허도 취소되었습니다. 함께 가담한 환자들도 징역 6개월에서 1년 형 등을 선고받았고, 합계 8억 원의 추징금도 부과되었습니다. 또 어떤 중학교 교사가 휴가 기간에 해외여행을 다녀온 뒤, 그동안에 입원했다고 허위로 보험금을 청구했다가 적발되었습니다. 결과적으로 징역 8개월에 집행유예 2년을 선고받았고, 교사 자격도 박탈되어 평생의 직장을 잃게 되었습니다. 어떤 자동차 정비소에서는 실제 수리하지 않은 차량을 수리한 것처럼 서류를 조작해 보험금을 타낸 사건도 있었습니다. 정비소 사장은 징역 1년 형을 선고받았고, 가담한 직원들도 벌금형을 받게 되었습니다.

이런 처벌을 받으면 이후의 삶은 더욱 힘들어집니다. 전과자가 된다는 것은 단순히 형사 처벌로 끝나지 않기 때문입니다. 취업이 거의 불가능해지거나, 새로운 보험 가입도 거절될 수 있으며, 은행 대출도 매우 까다로워집니다. 심지어 해외여행을 가려고 할 때도 비자 발급이 거절되는 등 많은 제약을 받게 됩니다. 특히 주목할 점은 보험사기로 적발되면 향후 정당한 보험금 청구를 할 때도 매우 까다로운 심사를 받게 된다는 것입니다. 이처럼 보험사기는 당장의 이익을 위해 저지르더라도, 그 대가는 평생에 걸쳐 치르게 되는 것입니다. 결국 정직하게 보험을 이용하는 것만이 나와 가족의 미래를 지키는 현명한 선택입니다.

| 아는 만큼 피할 수 있는 보험사기 |

독자 보험사기를 당하지 않으려면 어떻게 조심해야 할까요?

정 변호사 보험사기는 누구나 당할 수 있지만, 몇 가지 핵심적인 사항만 주의하면 충분히 예방할 수 있습니다. 최근 사례들을 통해 구체적인 예방법을 알려드리겠습니다. 40대 모 씨의 경우, 보험 설계사가 "원금의 두 배는 확실히 받을 수 있다"고 말하는 것만 믿고 보험에 가입했다가 큰 손해를 보았습니다. 계약서를 자세히 보니 설계사의 설명과 실제 내용이 완전히 달랐던 것이죠. 이처럼 말로만 듣고 계약하는 것은 매우 위험합니다. 또한 SNS를 통한 보험사기도 급증하고 있습니다. 30대 주부 모 씨는 인스타그램에서 '보험금 쉽게 받는 방법'이라는 글을 보고 연락했다가, 오히려 개인정보를 탈취당하고 보험사기 공범으로 지목되는 피해를 입었습니다.

보험 가입 시에는 반드시 세 가지를 확인하셔야 합니다. 먼저 보험회사가 금융감독원에 등록된 적법한 회사인지 확인하세요. 다음으로 설계사의 자격증을 직접 확인하고, 마지막으로 계약 내용을 꼼꼼히 읽어보셔야 합니다. 특히 보장 내용과 보험금 지급 조건은 반드시 직접 확인하시기 바랍니다. "보험금을 나눠주겠다"거나 "치료를 받지 않고도 보험금을 받을 수 있다"는 제안은 100퍼센트 사기입니다. 또한 다른 사람의 보험증으로 치료를 받자는 제안도 절대 응하시면 안 됩니다. 이는 명백한 보험사기로, 공범으로 처벌받을 수 있습니다.

만약 실제 교통사고 등 사고가 발생했다면, 즉시 현장 사진을 찍어두시고 목격자가 있다면 연락처를 확보하세요. 또 병원 진료기록도 잘 보관해 두시기 바랍니다. 이러한 자료들은 나중에 정당한 보험금을 받을 때 중요한 증거가 됩니다. 의심스러운 상황이 발생하면 즉시 금융감독원(1332) 또는 해당 보험회사의 고객센터로 문의하세요. 전문가의 조언을 구하는 것이 피해를 예방하는 가장 확실한 방법입니다. 보험사기는 '아는 만큼 피할 수 있습니다'. 이러한 기본적인 예방수칙만 잘 지켜도 대부분의 보험사기는 피할 수 있습니다. 여러분의 소중한 재산과 미래를 지키기 위해, 이러한 예방수칙들을 잘 기억해 두시기 바랍니다.

독자 보험사기를 발견하면 어디에 어떻게 신고해야 하나요?

정 변호사 보험사기를 목격하거나 의심되는 상황이 생기면 반드시 신고해 주시기 바랍니다. 신고 방법과 절차를 설명해 드리겠습니다. 보험사기는 국민권익위원회(110 또는 1398), 금융감독원(1332), 보험사기방지센터 홈페이지, 또는 각 보험회사의 고객센터를 통해 신고하실 수 있습니다. 이중에서 가장 편하신 곳으로 연락하시면 됩니다. 특히 금융감독원의 경우 24시간 상담이 가능해서 많은 분들이 이용하고 계십니다. 신고하실 때는 의심되는 내용을 구체적으로 설명해 주시면 좋습니다. 예를 들어 "어떤 상황에서 보험사기가 의심되었는지" "관련된 사람은 누구인지" 등을 최대한 자세히 알려주세요. 사진, 녹음, 문자메시지 같은 증거자료가 있다면 함께 제출해 주시면 더욱 효과적입니다.

많은 분들이 신고 후 불이익이나 신분 노출을 걱정하시는데, 이는 걱정하지 않으셔도 됩니다. 보험사기방지특별법에 따라 신고자의 신분은 철저하게 보호됩니다. 신고로 인한 불이익도 받지 않으며, 만약 누군가가 신고자에게 보복행위를 하면 법적으로 강력하게 처벌받게 됩니다. 참고로 신고를 통해 보험사기가 적발되면 포상금도 받을 수 있습니다. 적발된 금액의 최대 20퍼센트까지, 최고 2억 원의 포상금이 지급될 수 있습니다. 실제로 한 시민이 허위입원 청구 사실을 신고해 수천만 원의 보험사기를 적발했고, 몇백만 원의 포상금을 받은 경우도 있습니다. 신고가 접수되면 먼저 보험사기 조사팀이 사실 확인을 하고, 혐의가 발견되면 수사기관에 통보됩니다. 이후 수사를 통해 보험사기로 확인되면 신고자에 대한 포상금 지급이 검토되고, 최종 결과를 알려드립니다.

보험사고가 발생하면, 증거자료는 많으면 많을수록 좋습니다. 특히 대화 내용이나 현장 사진은 매우 중요한 증거가 될 수 있으니 꼭 잘 보관해 두세요. 보험사기는 우리 모두의 안전과 재산을 위협하는 중대한 범죄입니다. 의심되는 상황을 발견하면 망설이지 말고 신고해 주세요. 여러분의 작은 관심과 용기가 우리 사회를 더욱 건강하게 만드는 밑거름이 될 것입니다.

독자 보험사기 신고자는 어떤 보호를 받나요?

정 변호사 보험사기 신고를 망설이시는 분들이 가장 걱정하시는 것이 신고자 보호 문제입니다. 하지만 걱정하지 않으셔도 됩니다. 법률로 신고자를 철저하게 보호하고 있기 때문입니다. 보험사기방지특별법에 따르면, 신고자의 신분은 본인이 동의하지 않는 한 절대 공개되지 않습니다. 사례를 보면, 서울의 한 정형외과 보험사기를 신고한 모 씨의 경우, 수사와 재판 과정에서도 신분이 철저히 보호되었고 익명으로 증언할 수 있었습니다. 또한 신고자에 대하여는 직장에서의 불이익, 신분상의 불이익은 물론이고, 혹시라도 보복성 협박이나 괴롭힘을 당하면 가해자는 5년 이하의 징역이나 5000만 원 이하의 벌금형을 받을 수 있도록 규정하여 법으로 보호를 받습니다. 신고자에 대한 보호는 여기서 그치지 않습니다. 만약 신고로 인해 신고자의 생명이나 신체에 위험이 있다고 판단되면, 신변보호를 받을 수도 있습니다. 심지어 주거지 이전이 필요한 경우에는 이전비용까지 지원받을 수 있습니다.

고무적인 것은 신고자에 대한 포상 제도입니다. 신고로 인해 보험사기가 적발되면 적발금액의 최대 20퍼센트까지 포상금을 받을 수 있습니다. 최근에 한 제보자가 대규모 보험사기 조직을 신고해 거액의 포상금을 받은 사례도 있었습니다. 혹시 신고자가 보험사기에 가담했다가 자진 신고한 경우에는 형이 감경되거나 면제받을 수도 있습니다. 실제로 병원 관계자 모 씨는 보험사기에 가담했다가 양심의 가책을 느껴 자진 신고했고, 법원은 이를 고려해 형을 크게 감경한 경우도 있습니다. 이처럼 보험사기 신고자를 위한 보호장치는 매우 촘촘하게 마련되어 있습니다. 혹시라도 주변에서 보험사기를 발견하시면 망설이지 마시고 신고해 주시기 바랍니다.

독자 보험회사의 과도한 조사에 대해 소비자는 어떤 보호를 받을 수 있나요?

정 변호사 정당한 보험금 청구인데도 보험회사가 과도하게 조사를 하거나 보험금 지급을 미루는 경우가 있습니다. 이런 상황에서 소비자들이 받을 수 있는 보호 제도에 대해 설명해 드리겠습니다. 우선 보험회사의 조사에는 명확한 법적 제한이 있습니다. 보험업법에 따르면, 보험회사는 보험금 청구서류를 받은 날부터 특별한 사정이 없으면 3영업일 이내에 보험금을 지급해야 합니다. 조사가 필요한 경우에도 최대 3개월을 초과할 수 없으며, 이 기간이 지나면 지연이자를 지급해야 합니다. 사례를 보면, 모 씨는 교통사고 후 보험금을 청구했는데 보험회사가 4개월 동안 조사를 한다며 지급을 미뤘습니다. 그는 금융감독원에 민원을 제기했고, 결국 보험회사는 지연이자를 포함해 보험금을 지급했습니다.

보험회사의 조사 방법에도 제한이 있습니다. 심야나 이른 아침의 방문조사, 반복적인 전화나 문자, 과도한 입원 확인 등은 엄격히 금지됩니다. 최근에는 CCTV 설치나 탐문조사도 본인 동의 없이는 할 수 없도록 규제하고 있습니다. 만약 부당한 조사를 당하고 있다면, 즉시 금융감독원(1332)이나 소비자보호원(1372)에 도움을 요청하실 수 있습니다. 또한 각 보험회사의 소비자보호팀을 통해서도 민원을 제기할 수 있습니다.

특히 중요한 것은 자신의 권리를 정확히 아는 것입니다. 보험회사가 정당한 사유 없이 보험금 지급을 거절하거나 지연시키면, 소비자는 금융감독원에 분쟁조정을 신청할 수 있습니다. 분쟁조정 결과에 따라 즉시 보험금을 받을 수도 있고, 필요한 경우 법적 소송도 가능합니다. 보험금 청구 시에는 진단서, 치료비 영수증 등 관련 서류를 잘 보관해 두시는 것이 좋습니다. 또한 보험회사와의 연락 내용도 기록으로 남겨두시면 좋습니다. 이러한 자료들이 나중에 소비자의 권리를 지키는 중요한 증거자료가 될 수 있기 때문입니다. 결국 가장 중요한 것은 정당한 보험금 청구에 대해서는 소비자도 당당히 권리를 주장할 수 있다는 점입니다. 불필요한 조사나 지연에 대해서는 적극적으로 문제를 제기하시고, 필요하다면 전문가(변호사)의 도움을 받으시기 바랍니다. 여러분의 정당한 권리는 법으로 보호받고 있습니다.

독자 최근 보험사기의 새로운 수법은 어떤 것들이 있나요?

정 변호사 디지털 기술의 발달과 함께 보험사기 수법도 점점 더 교묘해지고 있습니다. 실제 사례들을 통해 새로운 보험사기 수법과 그 위험성을 말씀드리겠습니다. 가장 두드러진 변화는 SNS를 이용한 보험사기입니다. 최근 적발된 사례를 보면, 한 일당이 인스타그램에서 "일주일 입원으로 500만 원 받기"라는 글로 가담자를 모집하여 허위입원을 통해 보험금을 타내는 수법이었는데, 20대 청년들을 중심으로 100명이 넘는 사람들이 피해를 봤습니다.

또한 코로나19 이후에는 비대면 진료를 악용한 사례도 늘고 있습니다. 실제로 서울의 한 한의원은 화상통화로 진료한 것처럼 서류를 조작해 보험금을 청구했다가 적발되었습니다. 환자들은 실제로 치료를 받지도 않았는데 보험사기 공범이 되어 처벌받았습니다.

특히 주의해야 할 것이 메타버스나 가상화폐를 이용한 신종 보험사기입니다. 최근에는 가상화폐로 보험료를 내면 높은 수익을 준다며 투자금을 가로채는 사례가 발생했습니다. 한 회사원은 이런 수법으로 수천만 원의 피해를 입었습니다.

해외 체류자를 노리는 수법도 있습니다. 외국에서 실제로 다쳤다며 조작된 병원 서류를 제출하는 것인데, 확인이 어려운 점을 악용한 것입니다. 지난해에는 태국 여행 중 사고를 당했다며 허위청구를 한 일당이 적발되기도 했습니다.

디지털 기술을 이용한 위조도 정교해지고 있습니다. AI로 만든 가짜 영상이나 사진으로 사고를 조작하거나, 정교하게 조작된 진단서를 제출하는 사례도 있습니다. 실제 병원 직인을 3D프린터로 위조한 사례도 발견되었습니다.

이런 새로운 수법들의 가장 큰 특징은 온라인상에서 조직적으로 이루어진다는 점입니다. 카카오톡이나 텔레그램 같은 메신저로 가담자를 모집하고, 보험금은 가상계좌로 나눠받는 방식을 사용합니다. 이러한 신종 보험사기를 예방하기 위해서는 몇 가지를 꼭 기억하셔야 합니다. 먼저, SNS나 메신저로 들어오는 수상한 제안은 무조건 거절하세요. "쉽게 돈을 벌 수 있다"는 말에 현혹되지 마시기 바랍니다. 또한 본인의 개인정보나 보험 관련 정보를 함부로 공유하지 마세요. 특히 보험증권이나 신분증 사진을 찍어달라는 요청은 거의 사기라고 보시면 됩니다. 의심스러운 상황이 발생하면 즉시 보험회사나 금융감독원에 문의하시기 바랍니다. 여러분의 작은 관심과 주의가 새로운 보험사기 수법으로부터 자신과 가족을 지키는 가장 큰 힘이 될 것입니다.

| 진정한 사회 안전망을 완성하는 길 |

독자 지금까지 배운 보험사기방지특별법의 핵심 내용을 정리해 주세요.

정 변호사 2016년에 만들어진 보험사기방지특별법의 핵심 내용을 정리하면, 이 법은 보험사기로부터 우리 모두를 보호하기 위해 만들어진 특별한 약속입니다.

먼저 이 법은 보험사기를 저지른 사람을 더욱 엄격하게 처벌합니다. 일반적인 보험사기는 10년 이하의 징역이나 5000만 원 이하의 벌금형에 처하고, 조직적으로 저지르거나 상습적으로 한 경우에는 더 무겁게 처벌합니다. 실제로 지난해 조직적으로 보험사기를 저지른 일당이 모두 실형을 선고받은 사례가 있었습니다.

또한 이 법은 보험사기를 미리 막는 데도 큰 역할을 합니다. 보험회사들이 서로 정보를 공유할 수 있게 되어 의심스러운 보험금 청구를 빨리 발견할 수 있게 되었습니다. 예를 들어, 여러 보험회사에 비슷한 사고로 보험금을 청구하는 경우 즉시 확인이 가능해졌죠.

신고자 보호도 이 법의 중요한 부분입니다. 보험사기를 신고한 사람의 신분은 철저히 비밀로 지켜지며, 신고로 인한 불이익도 받지 않습니다. 오히려 신고로 보험사기가 적발되면 최대 2억 원까지 포상금을 받을 수 있습니다.

소비자 보호도 강화되었습니다. 보험회사가 정당한 보험금 청구에 대해 과도한 조사를 하거나 지급을 미루면 제재를 받게 됩니다. 보험금 지급이 지연되면 지연이자도 받을 수 있게 되었죠.

특히 최근에는 디지털 기술을 이용한 새로운 형태의 보험사기에 대한 대응도 강화되었습니다. SNS를 통한 보험사기 모집이나 가짜 진단서 제작 등에 대한 감시와 처벌이 더욱 엄격해졌습니다.

이 법의 가장 중요한 의미는 보험사기가 단순한 사기가 아닌 중한 범죄라는 인식을 확립했다는 점입니다. 보험사기로 인한 피해는 결국 우리 모두의 부담이 되기 때문입니다. 한 사람의 보험사기는 다른 많은 사람들의 보험료 인상으로 이어질 수 있습니다. 결국 보험사기방지특별법은 우리 모두의 안전과 권리를 지키기 위한 법입니다. 정직한 보험 사용과 용기 있는 신고, 이것이 바로 우리 모두를 지키는 첫걸음이 될 것입니다. 여러분의 관심과 참여가 더 안전하고 정직한 사회를 만드는 힘이 된다는 것을 꼭 기억하시기 바랍니다.

독자 혹시 더 강조할 부분이 있다면 말씀해 주십시오.

정 변호사 보험사기방지특별법은 우리 사회의 안전망을 지키는 파수꾼과도 같습니다. 한 사람의 부정직한 행동이 수많은 이웃의 부담이 되는 것이 보험사기의 특징이기 때문입니다. 이 법이 시행된 지 7년, 그동안 우리 사회는 보험사기를 바라보는 시각이 많이 달라졌습니다. '보험회사와 개인 간의 문제'가 아닌 '우리 모두의 문제'라는 인식이 자리 잡았기 때문입니다. 하지만 여전히 새로운 도전이 있습니다. SNS를 통한 조직적 사기, AI를 이용한 위조, 해외를 이용한 범죄 등 보험사기는 계속해서 진화하고 있습니다. 마치 바이러스와 백신의 끝없는 진화처럼, 보험사기 수법이 교묘해질수록 우리의 대응도 더욱 똑똑해져야 합니다. 하지만 가장 중요한 것은 결국 우리 모두의 관심과 참여입니다. 정직한 보험 문화를 만들어가는 일, 이것이야말로 진정한 사회 안전망을 완성하는 길이 될 것입니다.

| 보험사기방지특별법 요약 |

①개념

보험사기방지특별법은 보험사기행위의 조사·방지·처벌에 관한 사항을 규정한 법률입니다. 보험계약자, 피보험자 등의 권익을 보호하고 보험업의 건전한 발전을 도모하기 위해 제정되었습니다. 이 법에서 정의하는 보험사기란 보험사고의 발생, 원인 또는 내용에 관하여 보험자를 속여 보험금을 청구하는 행위를 말합니다.

②역사

2016년 9월 30일 시행된 이 법은, 그 전까지 일반 사기죄로만 처벌되던 보험사기를 더욱 강력하게 규제하기 위해 도입되었습니다. 2024년 2월에는 보험사기 알선·권유 금지, 자동차보험사기 피해 사실 고지 의무 등이 추가되어 법이 한층 강화되었습니다.

③내용

보험사기방지특별법의 핵심은 처벌 강화와 체계적인 방지 시스템 구축입니다. 보험사기죄는 10년 이하의 징역 또는 5000만 원 이하의 벌금에 처하며, 이득액이 5억 원 이상이면 3년 이상의 징역, 50억 원 이상이면 5년 이상의 징역이나 무기징역까지 가능합니다. 또한 보험회사는 계약자 보호를 위해 개인정보 보호와 정당한 보험금 지급 의무를 가지며, 2024년 개정으로 보험사기 알선·권유 금지와 자동차보험사기 피해 사실 고지 의무가 추가되었습니다.

④찬반 논란 및 핵심 쟁점

이 법을 둘러싼 핵심 논란은 권한과 책임의 균형입니다. 보험사기 조사를 위한 보험회사의 광범위한 조사 권한이 개인의 사생활을 침해할 수 있다는 우려가 있습니다. 반면 보험업계는 진화하는 보험사기에 대응하기 위해 더 강력한 조사 권한이 필요하다고 주장합니다. 또한 보험사기 조사를 이유로 한 정당한 보험금 지급 지연 문제도 중요한 쟁점입니다.

⑤사례 및 판례

대표적인 보험사기 유형으로는 고의 교통사고, 허위입원, 과잉진료, 사망위장 등이 있습니다. 2021년에는 조직적으로 교통사고를 일으켜 3억 원의 보험금을 편취한 일당이 실형을, 2022년에는 허위입원으로 1억 원을 편취한 자가 징역 2년 형을 선고받았습니다. 최근에는 병원과 공모한 과잉진료형 보험사기가 증가하고 있어 법원은 이러한 사례들에 엄중한 처벌을 내리고 있습니다.

⑥핵심 요약

보험사기방지특별법은 보험사기를 전문적으로 규제하고 처벌하는 법률로, 일반 형법상 사기죄보다 강화된 처벌을 규정하고 있습니다. 2024년 개정으로 보험사기 알선·권유 금지 등이 추가되어 더욱 강력한 규제가 가능해졌습니다. 보험계약자 보호와 보험사기 방지라는 두 가지 목표를 균형 있게 달성하기 위해, 보험회사의 의무와 권한도 함께 규정하고 있습니다. 앞으로도 변화하는 보험사기 수법에 대응하여 지속적인 법 개선이 필요할 것으로 보입니다.

생명존중의 가치로 바꾸는 도로 문화 _윤창호법

"더 이상 윤창호와 같은 피해자가 나와서는 안 된다"는 국민적 공감대 속에서 2018년 말, 도로교통법과 특정범죄가중처벌법 개정안이 국회를 통과했습니다. '윤창호법'의 탄생은 단순한 처벌 강화를 넘어 우리 사회의 인식을 바꾸는 전환점이 되었습니다. 과거 '실수' 정도로 여겨지던 음주운전이 중대한 범죄행위라는 인식이 확산되었고, 피해자 보호도 강화되었습니다. 법 시행 이후 음주운전사고는 30퍼센트 이상 감소했지만, 여전히 매년 수백 명의 소중한 생명들이 음주운전으로 희생되고 있습니다. 이제 우리는 처벌 강화를 넘어 음주운전을 근본적으로 예방하고, 피해자들을 더 효과적으로 지원하는 방안을 고민해야 합니다. '술 한 잔쯤이야……'라는 안일한 생각이 누군가의 인생을 완전히 바꿔놓을 수 있습니다.

이제부터 윤창호법의 주요 내용과 의미, 그리고 앞으로의 과제에 대해 자세히 살펴보면서, 안전운전의 중요성을 함께 되새겨보겠습니다.

| 음주운전에 관한 처벌 강화, 윤창호법 |

독자 윤창호법이 무엇인가요? 왜 이런 이름이 붙었나요?

정 변호사 윤창호법에 대해 설명하기 전에, 한 청년의 안타까운 이야기를 먼저 들려드리고 싶습니다. 2018년 9월의 어느 새벽, 부산의 한 횡단보도에서 비극적인 사고가 발생했습니다. 해군 만기 전역을 앞두고 휴가를 나온 스물두 살 윤창호 씨가 음주운전자의 차량에 치여 크게 다쳤죠. 35일간의 사투 끝에 결국 세상을 떠나고 말았습니다. 가해자의 혈중 알코올 농도는 0.181퍼센트로, 운전이 불가능할 정도로 만취한 상태였고, 더구나 그는 이미 음주운전 전력이 있는 상습 음주운전자였습니다.

이 사건이 특히 국민들의 공분을 산 것은 세 가지 이유 때문이었습니다. 군 복무를 마치고 이제 막 새 삶을 시작하려던 젊은이가 피해자였다는 점, 가해자가 상습 음주운전자였음에도 제대로 된 처벌을 받지 않아 결국 이런 비극을 낳았다는 점, 그리고 사고 후 "내가 왜 잡혀왔는지 모르겠다"며 진정한 반성의 모습을 보이지 않은 가해자의 태도였습니다.

당시 우리나라는 음주운전으로 하루 평균 1명이 목숨을 잃고 있었지만, 많은 사람들이 '술 한 잔쯤이야……'라는 안일한 생각으로 운전대를 잡았고, 법원의 처벌도 상대적으로 관대했습니다. 윤창호 씨의 친구들이 시작한 "음주운전 처벌 강화" 청와대 국민청원에는 73만 명이 넘는 시민들이 동참했고, 특히 청년들을 중심으로 SNS에서 '#윤창호법' 해시태그 운동이 전국으로 확산되었습니다. 이런 국민적 요구에 따라 '윤창호법'이 제정되었습니다. 정확히는 '특정범죄 가중처벌 등에 관한 법률(제1윤창호법)'과 '도로교통법(제2윤창호법)' 개정안인데, 이를 통칭하여 '윤창호법'이라 부릅니다.

이 법의 핵심은 음주운전에 대한 처벌을 대폭 강화한 것입니다. 음주운전 기준이 되는 혈중 알코올 농도를 0.05퍼센트에서 0.03퍼센트로 낮추었고, 음주운전으로 인한 사망사고 시 최대 무기징역까지 처벌할 수 있게 되었습니다. 법 시행 이후 음주운전 사망사고는 많이 감소하였고, 특히 젊은 층을 중심으로 '음주운전은 살인행위'라는 인식이 확산되었습니다. 윤창호법은 단순한 법률 개정을 넘어 우리 사회의 인식을 변화시켰습니다. 음주운전이 단순한 실수가 아닌 중대한 범죄라는 인식이 자리 잡게 된 것이죠. 비록 우리는 윤창호 씨를 잃었지만, 그의 이름을 딴 법을 통해 더 많은 생명을 지킬 수 있게 되었습니다.

독자 윤창호법의 주요 내용은 무엇인가요?

정 변호사 윤창호법의 가장 큰 변화는 음주운전에 대한 처벌 기준이 전반적으로 강화된 것입니다. 가장 눈에 띄는 것은 운전이 제한되는 혈중 알코올 농도 기준이 0.05퍼센트에서 0.03퍼센트로 낮아진 것인데요, 쉽게 말해 성인 남성이 맥주 한 잔만 마셔도 운전하면 안 된다는 의미입니다. 또한 음주운전으로 사고가 났을 때의 처벌도 매우 엄격해졌습니다. 만약 사망사고가 발생하면 최대 무기징역까지 선고할 수 있고, 상해사고의 경우 최대 15년의 징역형에 처할 수 있게 되었죠. 단순히 음주운전만 하다가 적발되어도 최대 5년 이하의 징역이나 2000만 원 이하의 벌금형을 받을 수 있습니다.

특히 주목할 만한 부분은 음주측정 거부에 대한 처벌입니다. 음주측정을 거부하면 실제로 술을 마시고 운전한 것과 동일한 수준으로 처벌받게 됩니다. 이는 "많이 취했으니까 측정을 거부했을 것"이라고 보기 때문입니다.

운전면허 관리도 더욱 철저해졌습니다. 단 한 번의 음주운전만으로도 면허가 취소될 수 있으며, 운전을 하려면 특별교통안전교육을 의무적으로 받아야 합니다. 이 교육은 이전의 6시간에서 12시간으로 늘어났고, 실제 사고 사례나 피해자 가족의 이야기를 듣는 등 더욱 실질적인 내용으로 채워졌습니다.

법은 가해자 처벌뿐만 아니라 피해자 보호도 강화했습니다. 치료비와 장례비 지원은 물론, 피해자와 그 가족들을 위한 심리치료 지원 제도도 새롭게 마련되었죠. 또한 상습 음주운전자에 대한 제재도 강화되었습니다. 음주운전 전과가 있으면 처벌이 더 무거워지고, 심한 경우 차량 자체를 압수할 수도 있게 되었죠. 결국 윤창호법의 핵심은 "음주운전은 절대 해서는 안 되는 중대한 범죄"라는 인식을 법으로 분명히 한 것입니다. '술 한 잔쯤이야⋯⋯'라는 생각이 누군가의 생명을 앗아갈 수 있다는 걸, 이 법은 우리에게 강력하게 경고하고 있습니다.

독자 음주운전 적발 시 구체적으로 어떤 처벌을 받게 되나요?

정 변호사 음주운전에 대한 처벌은 혈중 알코올 농도에 따라 다르게 적용됩니다. 사례를 통해 자세히 설명해 드리겠습니다. 얼마 전 제 사무실을 찾아온 상담인의 경우, 맥주 두 캔을 마시고 운전하다 단속에 걸렸는데요, 혈중 알코올 농도가 0.03퍼센트 이상 0.08퍼센트 미만이었습니다. 이런 경우 면허가 정지되고 100만 원의 벌금이 부과되었습니다. 더불어 특별교통안전교육도 의무적으로 받아야 했죠. 혈중 알코올 농도가 0.08퍼센트 이상이면 처벌이 더욱 무거워집니다. 다른 상담 사례를 보면, 소주 한 병을 마시고 운전하다 적발되었는데 혈중 알코올 농도가 0.08퍼센트 이상이었어요. 결과적으로 운전면허가 취소되었고, 1년 동안 재취득도 할 수 없었습니다. 또한 500만 원의 벌금형을 선고받는 등 형사 처벌도 받았습니다.

더 심각한 사례도 있었습니다. 술에 많이 취한 상태로 운전하다 가드레일을 들이받은 어떤 피의자는 혈중 알코올 농도가 0.15퍼센트였는데요, 다행히 인명피해는 없었지만, 이전의 음주운전 전력 때문에 징역 2년의 실형을 선고받았습니다. 특히 중요한 것은 음주운전으로 인명사고가 발생했을 경우입니다. 이때는 처벌이 매우 엄중해지는데요, 사망사고를 일으키면 최대 무기징역까지 선고될 수 있고, 부상사고의 경우에도 최대 15년의 징역형에 처해질 수 있습니다.

음주측정 거부도 실제 음주운전과 동일하게 처벌받는다는 점을 꼭 기억하셔야 합니다. "술을 마시지 않았다면 굳이 거부할 이유가 없었을 것"이라고 보기 때문이죠. 또한 음주운전 처벌은 전과기록에 남는다는 점도 중요합니다. 음주운전 전과 때문에 원하던 회사 취업에 실패할 수도 있고, 직장에서 징계처분을 받을 수도 있습니다. 재범의 경우에는 처벌이 더욱 무거워집니다. 2회 이상 적발되면 징역형이나 더 높은 벌금형이 선고되는 것은 물론, 경우에 따라 차량 자체가 압수될 수도 있습니다.

마지막으로 꼭 강조드리고 싶은 것이 있습니다. '숙취운전'도 음주운전입니다. 전날 과음을 했다면, 다음 날 아침에도 혈중 알코올 농도가 기준치를 초과할 수 있어요. 실제로 한 직장인이 전날 과음 후 다음 날 아침 출근길에 적발된 사례도 있었습니다. 결국 가장 현명한 선택은 '한 잔이라도 마셨다면 절대로 운전하지 않는 것'입니다. 택시비나 대리운전비가 아깝다고요? 음주운전으로 인한 처벌과 그 후유증을 생각하면, 그 비용은 정말 새 발의 피에 불과할 것입니다.

| 지옥에 이르는 길, 음주운전 |

독자 음주측정 거부 시에는 어떤 처벌을 받나요?

정 변호사 최근 상담한 의뢰인 중에 이런 분이 계셨어요. 술을 조금만 마셨다고 생각해서 운전했는데, 막상 단속에 걸리니 겁이 나서 음주측정을 거부하셨대요. 그런데 이게 오히려 더 큰 실수였습니다. 우리 법은 음주측정 거부를 실제 음주운전보다 더 무겁게 처벌하고 있기 때문입니다. 그 이유는 간단합니다. '술을 많이 마신 사람이 처벌이 두려워 고의로 측정을 거부할 수 있다'고 보기 때문이죠. 구체적인 처벌 내용을 살펴보면, 음주측정 거부 시 1년 이상 3년 이하의 징역이나 500만 원 이상 1000만 원 이하의 벌금형을 받게 됩니다. 게다가 운전면허는 무조건 취소되며, 2년간 운전면허 재취득도 할 수 없습니다. 실제로 얼마 전 법원은 음주측정을 거부한 한 운전자에게 징역 1년 6개월을 선고했습니다. 당시 그 운전자는 "술을 거의 마시지 않았는데, 순간 겁이 나서 거부했다"고 했지만, 법원은 이를 받아들이지 않았죠. 특히 중요한 점은, 음주측정 거부 전과가 있으면 그 후 처벌이 더욱 무거워진다는 것입니다. 술을 조금 마셨더라도, 측정을 거부하면 더 큰 불이익을 받을 수 있어요. 실수로 운전하게 된 상황이라면, 차라리 솔직하게 측정에 응하는 것이 현명한 선택입니다.

또 아셔야 할 점은, 어떤 이유로도 음주측정 거부가 정당화되지 않는다는 것입니다. 예를 들어 "급한 약속이 있어서" "다른 사람이 운전했다"는 등의 변명은 통하지 않습니다. 변호사로서 드리고 싶은 조언은, 애초에 술을 마셨다면 절대로 운전대를 잡지 않아야 한다는 겁니다. 하지만 만약 실수로 그런 상황이 되었더라도, 음주측정 거부는 절대 해결책이 될 수 없다는 점을 꼭 기억하고 있어야 합니다. 음주측정 거부는 일시적인 도피처가 아닙니다. 오히려 더 큰 처벌과 후회로 이어질 뿐이에요. 우리 모두의 안전을 위해, 음주운전도, 음주측정 거부도 하지 말아주세요.

독자 음주운전 중 사고가 났을 경우 처벌은 어떻게 달라지나요?

정 변호사 음주운전사고의 처벌은 일반 교통사고와는 크게 다릅니다. 특히 윤창호법 시행 이후에는 처벌 수위가 더욱 높아졌습니다. 회식 후 "괜찮을 것 같아서" 운전대를 잡았다가 사고가 난 한 의뢰인이 계셨습니다. 다행히 큰 인명피해는 없었음에도 그분은 실형을 선고받았습니다. 법원은 음주운전을 단순한 실수가 아닌 '고의적인 위험한 행위'로 보았기 때문입니다.

더 안타까운 사례도 있습니다. 술에 많이 취한 상태로 운전하다 교통사고로 상대방이 돌아가신 경우, 법원은 징역 6년을 선고한 경우도 있습니다. 이는 윤창호법 이전의 비슷한 사례들과 비교해 보면 거의 두 배에 가까운 형량입니다. 현재 음주운전사고의 처벌 기준을 보면, 만약 사망사고가 발생하면 최대 무기징역까지 선고될 수 있습니다. 다친 사람이 발생한 경우에는 최대 15년 이하의 징역형을, 차량이나 시설물 파손 같은 재산피해만 있더라도 최대 10년 이하의 징역이나 3000만 원 이하의 벌금형을 받을 수 있습니다. 형사 처벌 외에도 민사적인 책임 또한 매우 큽니다. 보험회사는 음주운전사고의 경우 보험금을 지급하지 않거나, 나중에 운전자에게 그 금액을 다시 청구하는 경우가 많습니다. 이런 경우 사고 보상금을 마련하기 위해 집을 팔아야 할 수도 있습니다. 특히 사고 후 현장을 떠나면 처벌이 더욱 무거워집니다. 최근 어떤 사건에서는 음주운전사고 후 도망간 운전자가 기존 형량보다 50퍼센트 더 무거운 처벌을 받았습니다.

이제는 "실수로 그랬다" "운이 나빴다"는 변명이 통하지 않습니다. 술을 마시고 운전대를 잡는 순간, 이미 중대한 범죄를 저지를 것으로 봅니다. 음주운전사고는 운전자의 인생을 완전히 바꿔놓을 수 있습니다. 교도소에 가게 되는 것은 물론이고, 거액의 손해배상금을 내야 하고, 직장도 잃을 수 있으며, 평생 음주운전 전과자라는 낙인이 찍히게 됩니다. '한 잔쯤이야' 하는 안일한 생각이 당신의, 그리고 타인의 인생을 한순간에 망가뜨릴 수 있습니다. 술을 마셨다면 절대로 운전대를 잡지 마세요. 그것이 당신과 모든 사람의 안전을 지키는 길입니다.

독자 타인의 음주운전을 도와준 경우에도 처벌받나요?

정 변호사 음주운전을 돕는 행위는 '음주운전 방조죄'라는 이름으로 처벌받습니다. 여기서 '방조'란 다른 사람의 잘못된 행동을 도와주는 것을 말하는데요, 구체적으로 어떤 경우가 이에 해당하는지 사례를 통해 설명해 드리겠습니다.

가장 흔한 경우는 술에 취한 사람의 차량에 동승하는 것입니다. 최근 법원은 만취 상태의 친구 차에 탑승한 동승자에게 300만 원 벌금형을 선고했습니다. 비록 직접 운전하지는 않았지만, 음주운전을 돕고 조장했다고 본 것이죠. 또 다른 사례로는 술에 취한 사람에게 자신의 차 키를 빌려주는 경우가 있습니다. 한 회사원은 만취한 동료에게 자신의 차 키를 건네줬다가 음주운전 방조 혐의로 기소되어 벌금 200만 원을 선고받은 경우가 있습니다. 특히 주의해야 할 것은 술에 취한 사람의 차량을 대신 주차해 주는 행위입니다. 얼마 전에는 음주운전자의 차를 주차장까지 옮겨준 직장 동료가 처벌받은 사례도 있었습니다. 비록 선의로 한 행동이었지만, 법은 이 역시 음주운전을 도운 것으로 보았습니다. 음주운전자가 사고를 낸 경우, 그를 도와준 사람의 처벌은 더욱 무거워질 수 있습니다.

술 마신 사람이 운전하겠다고 할 때는 단호하게 말려야 합니다. 택시를 불러주거나 대리운전을 부르는 것이 그 사람을 진정으로 돕는 길입니다. 음주운전 상황을 마주쳤을 때는 다음과 같이 행동하시기를 권합니다. 우선 단호하게 만류하고, 택시나 대리운전을 이용하도록 설득하세요. 그래도 듣지 않는다면, 경찰에 신고하는 것도 고려해야 합니다. 순간의 망설임이 더 큰 비극을 부를 수 있기 때문입니다. 결국 중요한 것은 음주운전은 '도와주면 안 되는 범죄'라는 점입니다. 잠깐의 방조가 자신과 타인 모두에게 돌이킬 수 없는 상처를 남길 수 있다는 것을 꼭 기억하시기 바랍니다.

독자 피해자나 유가족들은 어떤 지원을 받을 수 있나요?

정 변호사 음주운전사고로 가족을 잃은 유가족들이 가장 힘들어하는 것은 예기치 못한 사고로 인한 경제적 부담과 심리적 고통이었습니다. 다행히 지금은 다양한 지원 제도가 마련되어 있어, 이런 분들께 조금이라도 도움을 드릴 수 있게 되었습니다.

가장 먼저 받을 수 있는 것이 긴급 의료 지원입니다. 교통사고 피해자 지원기금을 통해 최대 1000만 원까지 치료비를 지원받을 수 있어요. 이는 가해자의 보험 가입 여부와 관계없이 받을 수 있는 지원이라 큰 도움이 됩니다. 불의의 사고로 가족을 잃은 유가족들을 위한 지원도 있습니다. 장례비로 최대 500만 원까지 지원받을 수 있으며, 위로금 명목으로 사망한 피해자의 유가족에게 최대 1500만 원까지 지원됩니다. 심리치료 지원도 매우 중요합니다. 사고 후 트라우마로 고통받는 피해자와 가족들은 전문 상담사와의 상담비용을 지원받을 수 있습니다. 필요한 경우 장기적인 치료까지도 가능하죠. 생계가 어려워진 피해자 가정을 위한 지원도 있습니다. 매월 생활 지원금이 지급되며, 미성년 자녀가 있는 경우 학자금도 지원받을 수 있어요. 최근에는 직업훈련비 지원도 시작되어, 피해자나 가족들의 경제적 자립을 돕고 있습니다. 법률 지원도 빼놓을 수 없습니다. 대한법률구조공단을 통해 무료로 법률상담을 받을 수 있고, 필요한 경우 소송 지원까지 받을 수 있어요. 피해자들이 정당한 배상을 받을 수 있도록 도와주는 것이죠. 특히 중요한 것은 장애가 남은 피해자들을 위한 지원입니다. 재활치료비 지원은 물론, 주거환경 개선이나 보조기구 지원까지 받을 수 있습니다. 최근에는 간병인 지원 제도도 확대되었어요.

이러한 지원을 받으려면 가장 먼저 경찰서나 피해자지원센터에 연락하시면 됩니다. 사고 발생 직후부터 전문 상담사가 배정되어 필요한 지원을 안내받을 수 있어요. 특히 피해자지원센터는 24시간 상담이 가능해 언제든 도움을 요청할 수 있습니다. 음주운전 피해자와 가족들이 겪는 고통은 이루 말할 수 없이 큽니다. 하지만 혼자 감당하실 필요는 없습니다. 우리 사회는 피해자의 아픔을 함께 나누고, 새로운 시작을 돕기 위한 제도를 마련해 놓았습니다.

| 각 나라별 음주운전 규제 강화 |

독자 윤창호법에서 혹시 논란이 되는 부분은 무엇인가요?

정 변호사 법이 강화되었다고는 하지만, 아직도 매일 음주운전사고가 일어나고 있어요. 지금도 여러 가지 중요한 문제들이 남아 있는데, 사례들을 통해 설명해 드리겠습니다.

가장 먼저, 법원의 처벌 기준이 일정하지 않다는 문제가 있습니다. 예를 들어 비슷한 수준의 음주운전사고라도, 어떤 법원에서는 실제 교도소에 가두는 판결을 내리고, 다른 법원에서는 집행유예로 풀어주는 경우가 있어요. 구체적인 사안에 따라 달라질수 있지만 형을 많이 받은 사람은 공정하지 않다는 생각이 들 수밖에 없겠죠. 또 음주측정 거부를 악용하는 사례도 문제입니다. 술을 지나치게 많이 마신 사람들이 오히려 의도적으로 측정을 거부하는 경우가 있어요. 이런 허점을 어떻게 막을 수 있을지가 과제입니다. 상습 음주운전자 문제도 심각합니다. 운전면허가 취소되었는데도 다시 (무면허로) 운전대를 잡는 사람들이 있어요. 최근 선임한 사건에서도 면허가 취소된 지 얼마 지나지 않아 또다시 음주운전을 한 사례가 있었습니다.

음주운전 예방교육도 개선이 필요해요. 현재는 대부분 형식적인 교육에 그치는 경우가 많거든요. 피해자 지원도 아직 부족한 점이 많습니다. 치료비 지원을 받으려면 복잡한 서류를 준비해야 하고, 지원 금액도 실제 피해액에 비하면 너무 적은 경우가 많아요. 특히 장애가 남은 피해자들은 평생 치료와 간병이 필요한데, 현재의 지원으로는 턱없이 부족한 상황입니다. 보험 제도의 문제도 있습니다. 음주운전자가 보험에 가입되어 있다 하더라도, 보험회사가 피해 보상을 제대로 해주지 않는 경우가 있어요. 이렇게 되면 피해자들은 별도로 민사소송을 해야 하는 부담까지 떠안게 됩니다.

하지만 이런 문제들이 있다고 하더라도 윤창호법이 의미 없다고 할 수는 없습니다. 오히려 이러한 논란들은 더 나은 제도를 만들어가는 밑거름이 될 수 있어요. 법은 계속 진화해야 합니다. 현장에서 발견되는 문제점들을 하나씩 고쳐나가면서, 더 안전한 사회를 만들어가는 것이 우리의 역할이에요. 가장 중요한 것은 우리 모두의 인식 변화입니다. 음주운전은 단순한 실수가 아닌 중대한 범죄라는 인식이 모든 사람들의 마음에 자리 잡아야 해요. 그래야만 법과 제도가 실질적인 효과를 발휘할 수 있을 것입니다.

독자 해외의 음주운전 규제는 어떤가요?

정 변호사 각국의 특별한 사례들을 한번 살펴보겠습니다.

스웨덴의 접근 방식이 특히 인상적입니다. 이곳에서는 모든 신차에 음주측정기를 의무적으로 설치하도록 했어요. 술을 마신 상태라면 아예 시동이 걸리지 않는 거죠. 덕분에 도입 이후 음주운전

사고가 크게 줄었다고 합니다.

일본의 경우는 동승자도 엄격하게 처벌합니다. 음주운전자의 차에 탄 사람은 물론, 술을 마시게 한 사람, 차를 빌려준 사람까지 모두 처벌 대상이 됩니다. 실제로 얼마 전 도쿄에서는 취한 친구에게 차 키를 빌려준 사람이 무거운 벌금형을 받았다고 해요.

호주에서는 '이름과 얼굴 공개' 정책을 시행하고 있습니다. 음주운전자의 신상을 지역신문과 온라인에 공개하는 건데요, 사회적 망신을 당하지 않으려고 음주운전을 피하는 효과가 크다고 합니다.

노르웨이의 처벌 기준은 더욱 엄격합니다. 우리나라 기준으로 초보운전자가 단 한 잔의 맥주만 마시고 운전해도 약 2000만 원의 벌금이 부과되기도 합니다. 소득의 일정 비율로 벌금을 매기기 때문에, 부유한 사람은 더 큰 벌금을 내야 해요.

미국에서는 주마다 규정이 조금씩 다르지만, 대부분 삼진아웃제를 적용합니다. 세 번째 적발되면 무조건 실형에 처해지고, 평생 운전면허를 받을 수 없게 됩니다. 캘리포니아 주의 한 판사는 "인생이 완전히 바뀔 수 있다는 경각심을 주는 것"이라고 설명했어요.

프랑스는 예방교육에 많은 투자를 합니다. 초등학교 때부터 음주운전의 위험성을 가르치고, 운전면허 시험에도 관련 내용이 필수로 포함됩니다. 특히 인상적인 것은 음주운전사고 현장을 직접 방문하게 하는 교육 프로그램이에요.

독일에서는 음주운전자에게 심리 검사를 의무화했습니다. 단순히 처벌하는 것을 넘어서, 왜 음주운전을 하게 됐는지 근본적인 원인을 찾아 해결하려는 접근법이죠.

뉴질랜드는 피해자 보호에 중점을 둡니다. 음주운전사고 피해자들에게 평생 의료비를 지원하고, 재활과 직업교육까지 국가가 책임지는 통합 지원 시스템을 운영하고 있어요.

이런 해외 사례들이 우리에게 주는 시사점은 명확합니다. 음주운전 근절을 위해서는 단순한 처벌 강화를 넘어, 예방-단속-처벌-재활이 유기적으로 연결된 종합적인 대책이 필요하다는 것이죠. 특히 주목할 만한 점은, 성공적인 국가들 대부분이 '사회적 합의'를 이끌어냈다는 것입니다. 음주운전은 절대 용납할 수 없는 범죄라는 인식이 전 국민에게 깊이 자리 잡았기에 가능한 일이었죠. 우리도 이제 이런 선진국들의 효과적인 정책들을 참고하여, 우리 실정에 맞는 더 나은 제도를 만들어가야 할 때입니다. 음주운전 없는 안전한 사회, 우리도 충분히 만들어낼 수 있습니다.

독자 음주운전을 근본적으로 줄이기 위한 대책은 무엇인가요?

정 변호사 단순히 처벌을 강화하는 것만으로는 부족합니다. 음주운전을 하지 않는 것이 당연한 문화를 만들어야 해요. 그렇게 하기 위해 어떤 노력들이 필요한지 살펴보겠습니다. 우선 예방교육이 달라져야 합니다. 지금의 교육은 대부분 법규와 처벌 위주인데, 여기에 실제 사고 사례와 피해자들의 이야기를 포함시켜야 해요.

한 교통안전 교육기관에서는 음주운전 피해자 가족들이 직접 강사로 나서는 프로그램을 진행하고 있는데, 교육 효과가 매우 크다고 합니다.

술자리 문화도 바뀌어야 합니다. 회식 때 "한 잔만 더"라며 권하는 문화, "집까지 얼마 안 남았으니까"라며 눈감아주는 관행이 바뀌어야 해요. 최근 일부 기업들은 회식 때 반드시 대리운전비를 지원하고, '음주운전 절대 불가' 서약을 하도록 하고 있습니다.

기술적인 해결책도 필요합니다. 차량에 음주측정기를 설치하여 술을 마신 상태에서는 시동이 걸리지 않게 하는 장치가 있는데, 이런 기술의 도입을 적극 검토해야 합니다. 실제로 이 장치를 도입한 버스회사들의 음주운전사고가 크게 줄었다고 해요.

대중교통과 대리운전 서비스도 개선되어야 합니다. 심야시간대 대중교통을 확대하고, 대리운전 요금을 합리적으로 책정하여 누구나 부담 없이 이용할 수 있게 해야 해요. 한 지자체에서는 심야 택시요금을 일부 지원하는 정책을 시행했더니, 음주운전이 눈에 띄게 감소했다고 합니다.

신고 제도도 강화해야 합니다. 음주운전을 목격하면 누구나 쉽게 신고할 수 있도록 하고, 신고자에 대한 보호도 철저히 해야 해요. 특히 식당이나 주점 종업원들이 음주운전 우려가 있는 손님을 신고할 경우, 불이익을 받지 않도록 보호하는 제도가 필요합니다.

재발 방지를 위한 상담과 치료도 중요합니다. 상습 음주운전자들

중에는 알코올 의존증이 있는 경우가 많은데, 이분들에게는 처벌과 함께 적절한 치료가 제공되어야 해요. 한 교통심리상담소의 통계를 보면, 치료를 받은 분들의 재범률이 크게 낮아졌습니다.

무엇보다 중요한 것은 시민 모두의 인식 변화입니다. 음주운전은 단순한 실수가 아닌 중대한 범죄라는 인식이 사회 전반에 자리 잡아야 해요. 특히 젊은 세대들에게 이런 인식을 심어주는 것이 매우 중요합니다. 결국 음주운전 근절은 우리 모두의 작은 실천에서 시작됩니다. 내가 먼저 '절대 하지 않겠다'는 다짐, 주변 사람들의 음주운전을 말리는 용기, 그리고 안전한 귀가 수단을 찾으려는 노력. 이런 작은 실천들이 모여 우리 사회를 더 안전하게 만들 수 있습니다. 우리 모두가 음주운전 없는 안전한 사회를 만드는 데 동참했으면 좋겠습니다.

| 윤창호법의 향후 과제 |

독자 윤창호법의 의미와 앞으로의 과제는 무엇일까요?

정 변호사 2018년 9월, 부산의 한 횡단보도에서 발생한 음주운전사고로 윤창호 씨가 세상을 떠났는데, 이 사건을 계기로 만들어진 윤창호법은 단순한 법률 개정 이상의 의미를 가지고 있습니다. 법 시행 이후 눈에 띄는 변화가 있었습니다. 음주운전사고가 전년 대비 대폭 감소했고, 특히 사망자 수가 큰 폭으로 줄었습니다. 회식 문화도 달라져서 '음주 후 운전 절대 금지'가 이제는 상식이 되었죠. 법원의 태도도 확연히 달라졌습니다. 과거에는 초범이면 대부분 벌금형에 그쳤지만, 이제는 음주운전에 대해 실형이 선고되는 경우가 많아졌어요. "음주운전은 살인미수나 다름없다"라고 판결문에 적는 경우도 있었습니다. 특히 젊은 세대의 인식 변화가 두드러집니다. SNS에서는 '#윤창호법' '#음주운전NO' 같은 해시태그 운동이 활발하고, 대학생들이 자발적으로 음주운전 예방 캠페인을 진행하는 모습도 자주 볼 수 있습니다.

하지만 아직 가야 할 길이 멉니다. 크게 세 가지 과제가 있다고 생각합니다. 첫째, 예방 시스템을 더욱 강화해야 합니다. 술집과 대리운전 업체를 연결하는 통합 시스템 구축, 차량 음주측정기 의무화 같은 실질적인 대책이 필요합니다. 둘째, 피해자 보호를 더욱 강화해야 합니다. 현재도 치료비 지원과 심리상담이 이루어지고 있지만, 장기적인 재활치료까지 포함하는 종합적인 지원이 필요합니다. 셋째, 교육과 캠페인을 더욱 강화해야 합니다. 특히 운전면허 취득 전부터 시작되는 체계적인 음주운전 예방교육이 필요합니다.

윤창호법은 우리 사회에 중요한 교훈을 남겼습니다. 한 잔의 술이 누군가의 인생을 영원히 바꿀 수 있다는 사실, 그리고 우리 모두가 서로의 안전을 지켜야 한다는 책임감을 일깨워준 것입니다.

이제 우리에게 필요한 것은 작지만 확실한 실천입니다. 술자리에서 "오늘은 제가 운전해 드릴게요"라고 말할 수 있는 용기, 피곤하더라도 대리운전을 부르는 배려심. 이런 작은 실천들이 모여 안전한 도로를 만들 수 있습니다. 윤창호법은 시작일 뿐입니다. 이제 우리 모두가 나서서 음주운전 없는 사회를 만들어가야 할 때입니다.

독자 윤창호법의 중요성을 새삼 깨달았어요. 마지막으로 윤창호법에 대해 하실 말씀이 있으신가요?

정 변호사 윤창호법은 우리 사회에 깊은 울림을 준 아픔에서 시작된 변화의 이정표입니다. 한 청년의 안타까운 희생이 수많은 생명을 구하는 전환점이 되었습니다. 음주운전은 단순한 실수가 아닌, 우리 모두의 생명을 위협하는 중대한 범죄라는 인식을 확립하게 된 것입니다. 마치 교통신호등이 도로 위의 질서를 만들듯이, 윤창호법은 '음주운전 절대 불가'라는 사회적 기준을 세웠습니다. 특히 음주운전사고로 인한 사망사고를 '우발적 살인'이 아닌 '예견된 살인'으로 보는 인식의 전환을 이끌어냈습니다. 하지만 법률 강화만으로는 부족합니다. 한 잔의 술이 누군가의 생명을 앗아갈 수 있다는 깊은 성찰과 함께, 안전한 귀가 문화가 우리 사회에 단단히 뿌리내려야 합니다. 윤창호법은 단순한 처벌 강화를 넘어, 생명존중이라는 가치를 일깨우는 이정표가 되었습니다.

이제는 이 법의 정신을 이어받아, 대리운전 활성화와 심야 대중 교통 확대 등 실질적인 제도 개선과 함께, 모든 시민이 안전하게 귀가할 수 있는 성숙한 교통 문화를 만들어가야 할 때입니다.

| 윤창호법 요약 |

①개념

윤창호법은 도로교통법 제44조에 근거한 음주운전 관련 법률로, '도로교통법 위반(음주운전)' 및 '도로교통법 위반(음주측정 거부)' 등의 처벌 강화(특정범죄 가중처벌법)를 내용으로 하며, 단순 음주운전뿐만 아니라 음주운전 중 사고로 인한 인명피해나 재물손괴까지 포괄적으로 다루는 음주운전 처벌 강화 관련 법률을 통칭하는 개념입니다.

②역사

2018년 9월 윤창호 씨의 사망사고를 계기로, 73만 명의 국민청원을 통해 음주운전의 심각성이 사회적 이슈로 대두되었고, 이에 따라 제1윤창호법(2018년 12월 18일)과 제2윤창호법(2019년 6월 25일)이 차례로 시행되었습니다.

③내용

윤창호법의 핵심은 음주운전에 대한 처벌 기준을 대폭 강화한 것입니다. 음주운전으로 인한 사망사고 시 최대 무기징역까지 처벌이 가능하도록 했으며, 혈중 알코올 농도 기준도 0.03퍼센트로 낮추어 음주운전에 대해 더욱 엄격한 기준을 적용하고 있습니다. 음주측정을 거부할 경우에는 5년 이하의 징역으로 처벌이 강화되었습니다. 특히 음주운전 중 발생한 교통사고는 위험운전 치사상죄 또는 교특치사상죄를 적용하여 더욱 엄중하게 다루고 있습니다. 또한 외국인이 음주운전으로 적발될 경우 벌금 300만 원 이상이면 강제추방 심사 대상이 되며, 타인의 음주운전을 돕는 행위도 처벌받을 수 있도록 음주운전 방조죄를 신설했습니다.

④찬반 논란 및 핵심 쟁점

윤창호법을 둘러싼 사회적 논의는 처벌 강화의 필요성과 적정성에 집중되었습니다. 찬성 측은 음주운전이 타인의 생명을 위협하는 중대한 범죄이므로 강력한 처벌이 필요하다고 주장했습니다. 반면 반대 측은 과도한 처벌이 헌법상 과잉금지원칙에 위배될 수 있다는 우려를 제기했습니다. 또한 음주측정 거부권과 헌법상 보장된 진술거부권 사이의 충돌 문제도 중요한 쟁점이 되었습니다. 근본적으로는 법적 규제 강화와 함께 시민의식 개선이 필요하다는 의견이 제시되었으며, 우리 사회의 폭음 문화 개선을 위한 주세 제도 개편 등 제도적 방안도 논의되었습니다.

⑤사례 및 판례

윤창호법 시행 이후 법원은 음주운전에 대해 한층 엄격한 판결을 내리고 있습니다. 2019년 창원지방법원은 음주운전 사망사고 가해자에게 징역 6년을 선고하며 윤창호법 적용 후 첫 음주운전 사망 사건의 판결을 내린 이정표를 세웠습니다. 2020년 대법원은 음주운전 삼진아웃제에 대해 합헌이라 판결하였고, 2021년 헌법재판소는 가중처벌 조항이 헌법에 위배되지 않는다고 판단했습니다. 실제로 법 시행 이후 음주운전사고가 약 30퍼센트 감소하는 등 긍정적인 효과가 나타나고 있습니다.

⑥핵심 요약

윤창호법은 단순한 처벌 강화를 넘어 음주운전에 대한 사회 전반의 인식 변화를 이끌어냈습니다. 특히 시민의식 개선과 함께 주류 문화 개선까지 포괄하는 종합적인 접근이 필요함을 보여줍니다.

| 마치며: 진화하는 법, 민주주의와 시민의 삶을 지키는 특별법 이야기 |

지금까지 우리는 끊임없이 진화하는 특별법들의 이야기를 함께 나누어보았습니다. Part 1에서 다루었던 특별법들이 우리 사회의 정의와 균형을 지키는 것이었다면, Part 2에서는 한 걸음 더 나아가 민주주의의 근간과 시민의 기본권을 보호하면서 진화해온 특별법들을 살펴보았습니다.

이 특별법들은 크게 두 가지 방면으로 구분됩니다. 하나는 계엄법, 국회 선진화법, 공수처법, 국가보안법, 헌법재판소법 등 민주주의와 권력의 균형을 다룬 법들입니다. 이는 우리 사회가 겪어온 역사적 아픔과 민주화의 과정에서 진화를 거듭한 결과물이라 할 수 있습니다. 또 하나는 구하라법, 가정폭력특별법, 전세사기피해자법, 보험사기방지특별법, 윤창호법 등 시민의 권리와 안전을 지키는 법들입니다. 이는 급변하는 사회 현실 속에서 시민의 기본권을 보호하기 위해 새롭게 진화한 법들입니다.

특별법은 마치 우리 사회의 '진화하는 악보'와도 같습니다. 시대의 변화에 따라 새로운 음표가 더해지고, 때로는 수정되면서 우리 사회의 정의와 균형을 이루어가고 있습니다. 공수처법이 권력기관 개혁의 새로운 이정표가 되었듯이, 구하라법은 진일보한 가족법을 이끌어냈습니다. 전세사기피해자법은 주거권이라는 기본권의 진화된 보호 형태를 보여주고 있습니다.

법은 사회를 비추는 거울이자 미래를 향한 나침반입니다. 특히 특별법은 우리 사회의 현주소를 가장 예민하게 보여주는 지표이자, 미래를 향한 진화의 방향을 제시합니다. 예를 들어, 국회 선진화법은 우리 민주주의의 진화 단계를 보여주며, 가정폭력특별법은 우리 사회가 지향하는 가족 가치의 진보를 반영합니다.

특별법의 진화는 결코 멈추지 않습니다. 마치 생명체가 환경에 적응하며 진화하듯, 특별법도 시대의 요구와 사회의 발전에 따라 끊임없이 성장하고 발전합니다. 우리가 이 책에서 다룬 10가지 특별법 외에도 앞으로 계속해서 새로운 특별법들이 나와 진화해 나갈 것입니다.

이제 우리에게 필요한 것은 이러한 특별법들이 더 나은 방향으로 진화할 수 있도록 하는 시민 여러분의 관심과 참여입니다. 특별법은 결코 어렵거나 멀리 있는 것이 아닙니다. 우리의 일상 속에서, 우리의 권리를 지키고 더 나은 사회를 만들어가는 살아 있는 도구입니다.

이 책을 통해 특별법이 여러분의 일상과 결코 멀리 있지 않으며, 우리와 함께 진화하고 있다는 점을 이해하셨으리라 생각합니다. 또한 우리 사회의 민주주의와 정의가 어떻게 발전해 왔는지, 그리고 앞으로 어떤 방향으로 진화해 나가야 할지에 대한 작은 통찰을 얻으셨기를 희망합니다.

마지막으로, 부족한 글을 끝까지 읽어주신 독자 여러분께 깊은 감사를 드립니다. 이 책이 여러분에게 우리의 법이 신속하게 진화해 가는 과정을 이해하는 데 작은 징검다리가 되었기를 바랍니다. 앞으로도 우리 사회가 더욱 성숙한 민주주의로 나아가는 과정에서, 특별법은 끊임없는 진화를 통해 더 나은 미래를 만들어갈 것입니다.

큰딸 은송과 아내의 계엄법이나 헌법재판소법, 구하라법이나 윤창호법 등 특별법에 대한 궁금증에 답변을 해주던 것이 이 글을 쓰게 된 계기가 되었습니다. 특별법에 대한 질문들을 책으로 정리해

보게 된 것입니다. 짧은 시간 동안에 자료를 정리할 수 있었던 것은 큰딸 은송의 도움이 컸습니다. 매우 고맙게 생각합니다.

이 책을 출간하는 데 교정부터 디자인, 홍보까지 모든 면에서 힘써 주신 잉걸북스의 신승철 사장님께도 감사드립니다.

대한민국헌법 전문

[시행 1988.2.25.] [헌법 제10호, 1987.10.29., 전부개정]

유구한 역사와 전통에 빛나는 우리 대한국민은 3·1운동으로 건립된 대한민국임시정부의 법통과 불의에 항거한 4·19민주이념을 계승하고, 조국의 민주개혁과 평화적 통일의 사명에 입각하여 정의·인도와 동포애로써 민족의 단결을 공고히 하고, 모든 사회적 폐습과 불의를 타파하며, 자율과 조화를 바탕으로 자유민주적 기본질서를 더욱 확고히 하여 정치·경제·사회·문화의 모든 영역에 있어서 각인의 기회를 균등히 하고, 능력을 최고도로 발휘하게 하며, 자유와 권리에 따르는 책임과 의무를 완수하게 하여, 안으로는 국민생활의 균등한 향상을 기하고 밖으로는 항구적인 세계평화와 인류공영에 이바지함으로써 우리들과 우리들의 자손의 안전과 자유와 행복을 영원히 확보할 것을 다짐하면서 1948년 7월 12일에 제정되고 8차에 걸쳐 개정된 헌법을 이제 국회의 의결을 거쳐 국민투표에 의하여 개정한다.

1987년 10월 29일

제1장 총강

제1조 ① 대한민국은 민주공화국이다.

② 대한민국의 주권은 국민에게 있고, 모든 권력은 국민으로부터 나온다.

제2조 ① 대한민국의 국민이 되는 요건은 법률로 정한다.

② 국가는 법률이 정하는 바에 의하여 재외국민을 보호할 의무를 진다.

제3조 대한민국의 영토는 한반도와 그 부속도서로 한다.

제4조 대한민국은 통일을 지향하며, 자유민주적 기본질서에 입각한 평화적 통일 정책을 수립하고 이를 추진한다.

제5조 ① 대한민국은 국제평화의 유지에 노력하고 침략적 전쟁을 부인한다.

② 국군은 국가의 안전보장과 국토방위의 신성한 의무를 수행함을 사명으로 하며, 그 정치적 중립성은 준수된다.

제6조 ① 헌법에 의하여 체결·공포된 조약과 일반적으로 승인된 국제법규는 국내법과 같은 효력을 가진다.

② 외국인은 국제법과 조약이 정하는 바에 의하여 그 지위가 보장된다.

제7조 ① 공무원은 국민전체에 대한 봉사자이며, 국민에 대하여 책임을 진다.

② 공무원의 신분과 정치적 중립성은 법률이 정하는 바에 의하여 보장된다.

제8조 ① 정당의 설립은 자유이며, 복수정당제는 보장된다.

② 정당은 그 목적·조직과 활동이 민주적이어야 하며, 국민의 정치적 의사형성에 참여하는데 필요한 조직을 가져야 한다.

③ 정당은 법률이 정하는 바에 의하여 국가의 보호를 받으며, 국가는 법률이 정하는 바에 의하여 정당운영에 필요한 자금을 보조할 수 있다.

④ 정당의 목적이나 활동이 민주적 기본질서에 위배될 때에는 정부는 헌법재판소에 그 해산을 제소할 수 있고, 정당은 헌법재판소의 심판에 의하여 해산된다.

제9조 국가는 전통문화의 계승·발전과 민족문화의 창달에 노력하여야 한다.

제2장 국민의 권리와 의무

제10조 모든 국민은 인간으로서의 존엄과 가치를 가지며, 행복을 추구할 권리를 가진다. 국가는 개인이 가지는 불가침의 기본적 인권을 확인하고 이를 보장할 의무를 진다.

제11조 ① 모든 국민은 법 앞에 평등하다. 누구든지 성별·종교 또는 사회적 신분에 의하여 정치적·경제적·사회적·문화적 생활의 모든 영역에 있어서 차별을 받지 아니한다.

② 사회적 특수계급의 제도는 인정되지 아니하며, 어떠한 형태로도 이를 창설할 수 없다.

③ 훈장등의 영전은 이를 받은 자에게만 효력이 있고, 어떠한 특권도 이에 따르지 아니한다.

제12조 ① 모든 국민은 신체의 자유를 가진다. 누구든지 법률에 의하지 아니하고는 체포·구속·압수·수색 또는 심문을 받지 아니하며, 법률과 적법한 절차에 의하지 아니하고는 처벌·보안처분 또는 강제노역을 받지 아니한다.

② 모든 국민은 고문을 받지 아니하며, 형사상 자기에게 불리한 진술을 강요당하지 아니한다.

③ 체포·구속·압수 또는 수색을 할 때에는 적법한 절차에 따라 검사의 신청에 의하여 법관이 발부한 영장을 제시하여야 한다. 다만, 현행범인인 경우와 장기 3년 이상의 형에 해당하는 죄를 범하고 도피 또는 증거인멸의 염려가 있을 때에는 사후에 영장을 청구할 수 있다.

④ 누구든지 체포 또는 구속을 당한 때에는 즉시 변호인의 조력을 받을 권리를 가진다. 다만, 형사피고인이 스스로 변호인을 구할 수 없을 때에는 법률이 정하는 바에 의하여 국가가 변호인을 붙인다.

⑤ 누구든지 체포 또는 구속의 이유와 변호인의 조력을 받을 권리가 있음을 고지받지 아니하고는 체포 또는 구속을 당하지

아니한다. 체포 또는 구속을 당한 자의 가족등 법률이 정하는
자에게는 그 이유와 일시·장소가 지체없이 통지되어야 한다.

⑥ 누구든지 체포 또는 구속을 당한 때에는 적부의 심사를 법원
에 청구할 권리를 가진다.

⑦ 피고인의 자백이 고문·폭행·협박·구속의 부당한 장기화 또
는 기망 기타의 방법에 의하여 자의로 진술된 것이 아니라고
인정될 때 또는 정식재판에 있어서 피고인의 자백이 그에게
불리한 유일한 증거일 때에는 이를 유죄의 증거로 삼거나 이
를 이유로 처벌할 수 없다.

제13조 ① 모든 국민은 행위시의 법률에 의하여 범죄를 구성하지 아니
하는 행위로 소추되지 아니하며, 동일한 범죄에 대하여 거듭
처벌받지 아니한다.

② 모든 국민은 소급입법에 의하여 참정권의 제한을 받거나 재
산권을 박탈당하지 아니한다.

③ 모든 국민은 자기의 행위가 아닌 친족의 행위로 인하여 불이
익한 처우를 받지 아니한다.

제14조 모든 국민은 거주·이전의 자유를 가진다.

제15조 모든 국민은 직업선택의 자유를 가진다.

제16조 모든 국민은 주거의 자유를 침해받지 아니한다. 주거에 대한 압
수나 수색을 할 때에는 검사의 신청에 의하여 법관이 발부한 영
장을 제시하여야 한다.

제17조 모든 국민은 사생활의 비밀과 자유를 침해받지 아니한다.

제18조 모든 국민은 통신의 비밀을 침해받지 아니한다.

제19조 모든 국민은 양심의 자유를 가진다.

제20조 ① 모든 국민은 종교의 자유를 가진다.
　　　 ② 국교는 인정되지 아니하며, 종교와 정치는 분리된다.

제21조 ① 모든 국민은 언론·출판의 자유와 집회·결사의 자유를 가진다.
　　　 ② 언론·출판에 대한 허가나 검열과 집회·결사에 대한 허가는
　　　　 인정되지 아니한다.
　　　 ③ 통신·방송의 시설기준과 신문의 기능을 보장하기 위하여 필
　　　　 요한 사항은 법률로 정한다.
　　　 ④ 언론·출판은 타인의 명예나 권리 또는 공중도덕이나 사회윤
　　　　 리를 침해하여서는 아니된다. 언론·출판이 타인의 명예나 권
　　　　 리를 침해한 때에는 피해자는 이에 대한 피해의 배상을 청구
　　　　 할 수 있다.

제22조 ① 모든 국민은 학문과 예술의 자유를 가진다.
　　　 ② 저작자·발명가·과학기술자와 예술가의 권리는 법률로써 보
　　　　 호한다.

제23조 ① 모든 국민의 재산권은 보장된다. 그 내용과 한계는 법률로 정
　　　　 한다.

② 재산권의 행사는 공공복리에 적합하도록 하여야 한다.

③ 공공필요에 의한 재산권의 수용·사용 또는 제한 및 그에 대한 보상은 법률로써 하되, 정당한 보상을 지급하여야 한다.

제24조 모든 국민은 법률이 정하는 바에 의하여 선거권을 가진다.

제25조 모든 국민은 법률이 정하는 바에 의하여 공무담임권을 가진다.

제26조 ① 모든 국민은 법률이 정하는 바에 의하여 국가기관에 문서로 청원할 권리를 가진다.

② 국가는 청원에 대하여 심사할 의무를 진다.

제27조 ① 모든 국민은 헌법과 법률이 정한 법관에 의하여 법률에 의한 재판을 받을 권리를 가진다.

② 군인 또는 군무원이 아닌 국민은 대한민국의 영역 안에서는 중대한 군사상 기밀·초병·초소·유독음식물공급·포로·군용물에 관한 죄중 법률이 정한 경우와 비상계엄이 선포된 경우를 제외하고는 군사법원의 재판을 받지 아니한다.

③ 모든 국민은 신속한 재판을 받을 권리를 가진다. 형사피고인은 상당한 이유가 없는 한 지체없이 공개재판을 받을 권리를 가진다.

④ 형사피고인은 유죄의 판결이 확정될 때까지는 무죄로 추정된다.

⑤ 형사피해자는 법률이 정하는 바에 의하여 당해 사건의 재판 절차에서 진술할 수 있다.

제28조 형사피의자 또는 형사피고인으로서 구금되었던 자가 법률이 정하는 불기소처분을 받거나 무죄판결을 받은 때에는 법률이 정하는 바에 의하여 국가에 정당한 보상을 청구할 수 있다.

제29조 ① 공무원의 직무상 불법행위로 손해를 받은 국민은 법률이 정하는 바에 의하여 국가 또는 공공단체에 정당한 배상을 청구할 수 있다. 이 경우 공무원 자신의 책임은 면제되지 아니한다.

② 군인·군무원·경찰공무원 기타 법률이 정하는 자가 전투·훈련등 직무집행과 관련하여 받은 손해에 대하여는 법률이 정하는 보상 외에 국가 또는 공공단체에 공무원의 직무상 불법행위로 인한 배상은 청구할 수 없다.

제30조 타인의 범죄행위로 인하여 생명·신체에 대한 피해를 받은 국민은 법률이 정하는 바에 의하여 국가로부터 구조를 받을 수 있다.

제31조 ① 모든 국민은 능력에 따라 균등하게 교육을 받을 권리를 가진다.

② 모든 국민은 그 보호하는 자녀에게 적어도 초등교육과 법률이 정하는 교육을 받게 할 의무를 진다.

③ 의무교육은 무상으로 한다.

④ 교육의 자주성·전문성·정치적 중립성 및 대학의 자율성은 법률이 정하는 바에 의하여 보장된다.

⑤ 국가는 평생교육을 진흥하여야 한다.

⑥ 학교교육 및 평생교육을 포함한 교육제도와 그 운영, 교육재정 및 교원의 지위에 관한 기본적인 사항은 법률로 정한다.

제32조 ① 모든 국민은 근로의 권리를 가진다. 국가는 사회적·경제적 방법으로 근로자의 고용의 증진과 적정임금의 보장에 노력하여야 하며, 법률이 정하는 바에 의하여 최저임금제를 시행하여야 한다.

② 모든 국민은 근로의 의무를 진다. 국가는 근로의 의무의 내용과 조건을 민주주의원칙에 따라 법률로 정한다.

③ 근로조건의 기준은 인간의 존엄성을 보장하도록 법률로 정한다.

④ 여자의 근로는 특별한 보호를 받으며, 고용·임금 및 근로조건에 있어서 부당한 차별을 받지 아니한다.

⑤ 연소자의 근로는 특별한 보호를 받는다.

⑥ 국가유공자·상이군경 및 전몰군경의 유가족은 법률이 정하는 바에 의하여 우선적으로 근로의 기회를 부여받는다.

제33조 ① 근로자는 근로조건의 향상을 위하여 자주적인 단결권·단체교섭권 및 단체행동권을 가진다.

② 공무원인 근로자는 법률이 정하는 자에 한하여 단결권·단체교섭권 및 단체행동권을 가진다.

③ 법률이 정하는 주요방위산업체에 종사하는 근로자의 단체행동권은 법률이 정하는 바에 의하여 이를 제한하거나 인정하지 아니할 수 있다.

제34조 ① 모든 국민은 인간다운 생활을 할 권리를 가진다.

② 국가는 사회보장·사회복지의 증진에 노력할 의무를 진다.

③ 국가는 여자의 복지와 권익의 향상을 위하여 노력하여야 한다.

④ 국가는 노인과 청소년의 복지향상을 위한 정책을 실시할 의

무를 진다.

⑤ 신체장애자 및 질병·노령 기타의 사유로 생활능력이 없는 국민은 법률이 정하는 바에 의하여 국가의 보호를 받는다.

⑥ 국가는 재해를 예방하고 그 위험으로부터 국민을 보호하기 위하여 노력하여야 한다.

제35조 ① 모든 국민은 건강하고 쾌적한 환경에서 생활할 권리를 가지며, 국가와 국민은 환경보전을 위하여 노력하여야 한다.

② 환경권의 내용과 행사에 관하여는 법률로 정한다.

③ 국가는 주택개발정책등을 통하여 모든 국민이 쾌적한 주거생활을 할 수 있도록 노력하여야 한다.

제36조 ① 혼인과 가족생활은 개인의 존엄과 양성의 평등을 기초로 성립되고 유지되어야 하며, 국가는 이를 보장한다.

② 국가는 모성의 보호를 위하여 노력하여야 한다.

③ 모든 국민은 보건에 관하여 국가의 보호를 받는다.

제37조 ① 국민의 자유와 권리는 헌법에 열거되지 아니한 이유로 경시되지 아니한다.

② 국민의 모든 자유와 권리는 국가안전보장·질서유지 또는 공공복리를 위하여 필요한 경우에 한하여 법률로써 제한할 수 있으며, 제한하는 경우에도 자유와 권리의 본질적인 내용을 침해할 수 없다.

제38조 모든 국민은 법률이 정하는 바에 의하여 납세의 의무를 진다.

제39조 ① 모든 국민은 법률이 정하는 바에 의하여 국방의 의무를 진다.

② 누구든지 병역의무의 이행으로 인하여 불이익한 처우를 받지 아니한다.

제3장 국회

제40조 입법권은 국회에 속한다.

제41조 ① 국회는 국민의 보통·평등·직접·비밀선거에 의하여 선출된 국회의원으로 구성한다.

② 국회의원의 수는 법률로 정하되, 200인 이상으로 한다.

③ 국회의원의 선거구와 비례대표제 기타 선거에 관한 사항은 법률로 정한다.

제42조 국회의원의 임기는 4년으로 한다.

제43조 국회의원은 법률이 정하는 직을 겸할 수 없다.

제44조 ① 국회의원은 현행범인인 경우를 제외하고는 회기 중 국회의 동의없이 체포 또는 구금되지 아니한다.

② 국회의원이 회기 전에 체포 또는 구금된 때에는 현행범인이 아닌 한 국회의 요구가 있으면 회기 중 석방된다.

제45조 국회의원은 국회에서 직무상 행한 발언과 표결에 관하여 국회

외에서 책임을 지지 아니한다.

제46조 ① 국회의원은 청렴의 의무가 있다.

② 국회의원은 국가이익을 우선하여 양심에 따라 직무를 행한다.

③ 국회의원은 그 지위를 남용하여 국가·공공단체 또는 기업체
와의 계약이나 그 처분에 의하여 재산상의 권리·이익 또는
직위를 취득하거나 타인을 위하여 그 취득을 알선할 수 없다.

제47조 ① 국회의 정기회는 법률이 정하는 바에 의하여 매년 1회 집회
되며, 국회의 임시회는 대통령 또는 국회재적의원 4분의 1 이
상의 요구에 의하여 집회된다.

② 정기회의 회기는 100일을, 임시회의 회기는 30일을 초과할
수 없다.

③ 대통령이 임시회의 집회를 요구할 때에는 기간과 집회요구의
이유를 명시하여야 한다.

제48조 국회는 의장 1인과 부의장 2인을 선출한다.

제49조 국회는 헌법 또는 법률에 특별한 규정이 없는 한 재적의원 과반
수의 출석과 출석의원 과반수의 찬성으로 의결한다. 가부동수인
때에는 부결된 것으로 본다.

제50조 ① 국회의 회의는 공개한다. 다만, 출석의원 과반수의 찬성이 있
거나 의장이 국가의 안전보장을 위하여 필요하다고 인정할
때에는 공개하지 아니할 수 있다.

② 공개하지 아니한 회의내용의 공표에 관하여는 법률이 정하는 바에 의한다.

제51조 국회에 제출된 법률안 기타의 의안은 회기 중에 의결되지 못한 이유로 폐기되지 아니한다. 다만, 국회의원의 임기가 만료된 때에는 그러하지 아니하다.

제52조 국회의원과 정부는 법률안을 제출할 수 있다.

제53조 ① 국회에서 의결된 법률안은 정부에 이송되어 15일 이내에 대통령이 공포한다.

② 법률안에 이의가 있을 때에는 대통령은 제1항의 기간내에 이의서를 붙여 국회로 환부하고, 그 재의를 요구할 수 있다. 국회의 폐회 중에도 또한 같다.

③ 대통령은 법률안의 일부에 대하여 또는 법률안을 수정하여 재의를 요구할 수 없다.

④ 재의의 요구가 있을 때에는 국회는 재의에 붙이고, 재적의원 과반수의 출석과 출석의원 3분의 2 이상의 찬성으로 전과 같은 의결을 하면 그 법률안은 법률로서 확정된다.

⑤ 대통령이 제1항의 기간 내에 공포나 재의의 요구를 하지 아니한 때에도 그 법률안은 법률로서 확정된다.

⑥ 대통령은 제4항과 제5항의 규정에 의하여 확정된 법률을 지체 없이 공포하여야 한다. 제5항에 의하여 법률이 확정된 후 또는 제4항에 의한 확정법률이 정부에 이송된 후 5일 이내에 대통령이 공포하지 아니할 때에는 국회의장이 이를 공포한다.

⑦ 법률은 특별한 규정이 없는 한 공포한 날로부터 20일을 경과
함으로써 효력을 발생한다.

제54조 ① 국회는 국가의 예산안을 심의·확정한다.

② 정부는 회계연도마다 예산안을 편성하여 회계연도 개시 90일
전까지 국회에 제출하고, 국회는 회계연도 개시 30일 전까지
이를 의결하여야 한다.

③ 새로운 회계연도가 개시될 때까지 예산안이 의결되지 못한
때에는 정부는 국회에서 예산안이 의결될 때까지 다음의 목
적을 위한 경비는 전년도 예산에 준하여 집행할 수 있다.

1. 헌법이나 법률에 의하여 설치된 기관 또는 시설의 유지·
운영

2. 법률상 지출의무의 이행

3. 이미 예산으로 승인된 사업의 계속

제55조 ① 한 회계연도를 넘어 계속하여 지출할 필요가 있을 때에는 정
부는 연한을 정하여 계속비로서 국회의 의결을 얻어야 한다.

② 예비비는 총액으로 국회의 의결을 얻어야 한다. 예비비의 지
출은 차기국회의 승인을 얻어야 한다.

제56조 정부는 예산에 변경을 가할 필요가 있을 때에는 추가경정예산안
을 편성하여 국회에 제출할 수 있다.

제57조 국회는 정부의 동의 없이 정부가 제출한 지출예산 각항의 금액
을 증가하거나 새 비목을 설치할 수 없다.

제58조 국채를 모집하거나 예산 외에 국가의 부담이 될 계약을 체결하려 할 때에는 정부는 미리 국회의 의결을 얻어야 한다.

제59조 조세의 종목과 세율은 법률로 정한다.

제60조 ① 국회는 상호원조 또는 안전보장에 관한 조약, 중요한 국제조직에 관한 조약, 우호통상항해조약, 주권의 제약에 관한 조약, 강화조약, 국가나 국민에게 중대한 재정적 부담을 지우는 조약 또는 입법사항에 관한 조약의 체결·비준에 대한 동의권을 가진다.
② 국회는 선전포고, 국군의 외국에의 파견 또는 외국군대의 대한민국 영역 안에서의 주류에 대한 동의권을 가진다.

제61조 ① 국회는 국정을 감사하거나 특정한 국정사안에 대하여 조사할 수 있으며, 이에 필요한 서류의 제출 또는 증인의 출석과 증언이나 의견의 진술을 요구할 수 있다.
② 국정감사 및 조사에 관한 절차 기타 필요한 사항은 법률로 정한다.

제62조 ① 국무총리·국무위원 또는 정부위원은 국회나 그 위원회에 출석하여 국정처리상황을 보고하거나 의견을 진술하고 질문에 응답할 수 있다.
② 국회나 그 위원회의 요구가 있을 때에는 국무총리·국무위원 또는 정부위원은 출석·답변하여야 하며, 국무총리 또는 국무위원이 출석요구를 받은 때에는 국무위원 또는 정부위원으

로 하여금 출석·답변하게 할 수 있다.

제63조 ① 국회는 국무총리 또는 국무위원의 해임을 대통령에게 건의할
수 있다.

② 제1항의 해임건의는 국회재적의원 3분의 1 이상의 발의에 의
하여 국회재적의원 과반수의 찬성이 있어야 한다.

제64조 ① 국회는 법률에 저촉되지 아니하는 범위 안에서 의사와 내부
규율에 관한 규칙을 제정할 수 있다.

② 국회는 의원의 자격을 심사하며, 의원을 징계할 수 있다.

③ 의원을 제명하려면 국회재적의원 3분의 2 이상의 찬성이 있
어야 한다.

④ 제2항과 제3항의 처분에 대하여는 법원에 제소할 수 없다.

제65조 ① 대통령·국무총리·국무위원·행정각부의 장·헌법재판소 재
판관·법관·중앙선거관리위원회 위원·감사원장·감사위원 기
타 법률이 정한 공무원이 그 직무집행에 있어서 헌법이나 법
률을 위배한 때에는 국회는 탄핵의 소추를 의결할 수 있다.

② 제1항의 탄핵소추는 국회재적의원 3분의 1 이상의 발의가 있
어야 하며, 그 의결은 국회재적의원 과반수의 찬성이 있어야
한다. 다만, 대통령에 대한 탄핵소추는 국회재적의원 과반수의
발의와 국회재적의원 3분의 2 이상의 찬성이 있어야 한다.

③ 탄핵소추의 의결을 받은 자는 탄핵심판이 있을 때까지 그 권
한행사가 정지된다.

④ 탄핵결정은 공직으로부터 파면함에 그친다. 그러나, 이에 의

하여 민사상이나 형사상의 책임이 면제되지는 아니한다.

제4장 정부

제1절 대통령

제66조 ① 대통령은 국가의 원수이며, 외국에 대하여 국가를 대표한다.

② 대통령은 국가의 독립·영토의 보전·국가의 계속성과 헌법을 수호할 책무를 진다.

③ 대통령은 조국의 평화적 통일을 위한 성실한 의무를 진다.

④ 행정권은 대통령을 수반으로 하는 정부에 속한다.

제67조 ① 대통령은 국민의 보통·평등·직접·비밀선거에 의하여 선출한다.

② 제1항의 선거에 있어서 최고득표자가 2인 이상인 때에는 국회의 재적의원 과반수가 출석한 공개회의에서 다수표를 얻은 자를 당선자로 한다.

③ 대통령후보자가 1인일 때에는 그 득표수가 선거권자 총수의 3분의 1 이상이 아니면 대통령으로 당선될 수 없다.

④ 대통령으로 선거될 수 있는 자는 국회의원의 피선거권이 있고 선거일 현재 40세에 달하여야 한다.

⑤ 대통령의 선거에 관한 사항은 법률로 정한다.

제68조 ① 대통령의 임기가 만료되는 때에는 임기만료 70일 내지 40일 전에 후임자를 선거한다.

② 대통령이 궐위된 때 또는 대통령 당선자가 사망하거나 판결 기타의 사유로 그 자격을 상실한 때에는 60일 이내에 후임자를 선거한다.

제69조 대통령은 취임에 즈음하여 다음의 선서를 한다.
"나는 헌법을 준수하고 국가를 보위하며 조국의 평화적 통일과 국민의 자유와 복리의 증진 및 민족문화의 창달에 노력하여 대통령으로서의 직책을 성실히 수행할 것을 국민 앞에 엄숙히 선서합니다."

제70조 대통령의 임기는 5년으로 하며, 중임할 수 없다.

제71조 대통령이 궐위되거나 사고로 인하여 직무를 수행할 수 없을 때에는 국무총리, 법률이 정한 국무위원의 순서로 그 권한을 대행한다.

제72조 대통령은 필요하다고 인정할 때에는 외교·국방·통일 기타 국가안위에 관한 중요정책을 국민투표에 붙일 수 있다.

제73조 대통령은 조약을 체결·비준하고, 외교사절을 신임·접수 또는 파견하며, 선전포고와 강화를 한다.

제74조 ① 대통령은 헌법과 법률이 정하는 바에 의하여 국군을 통수한다.
② 국군의 조직과 편성은 법률로 정한다.

제75조 대통령은 법률에서 구체적으로 범위를 정하여 위임받은 사항과 법률을 집행하기 위하여 필요한 사항에 관하여 대통령령을 발할 수 있다.

제76조 ① 대통령은 내우·외환·천재·지변 또는 중대한 재정·경제상의 위기에 있어서 국가의 안전보장 또는 공공의 안녕질서를 유지하기 위하여 긴급한 조치가 필요하고 국회의 집회를 기다릴 여유가 없을 때에 한하여 최소한으로 필요한 재정·경제상의 처분을 하거나 이에 관하여 법률의 효력을 가지는 명령을 발할 수 있다.

② 대통령은 국가의 안위에 관계되는 중대한 교전상태에 있어서 국가를 보위하기 위하여 긴급한 조치가 필요하고 국회의 집회가 불가능한 때에 한하여 법률의 효력을 가지는 명령을 발할 수 있다.

③ 대통령은 제1항과 제2항의 처분 또는 명령을 한 때에는 지체없이 국회에 보고하여 그 승인을 얻어야 한다.

④ 제3항의 승인을 얻지 못한 때에는 그 처분 또는 명령은 그때부터 효력을 상실한다. 이 경우 그 명령에 의하여 개정 또는 폐지되었던 법률은 그 명령이 승인을 얻지 못한 때부터 당연히 효력을 회복한다.

⑤ 대통령은 제3항과 제4항의 사유를 지체없이 공포하여야 한다.

제77조 ① 대통령은 전시·사변 또는 이에 준하는 국가 비상사태에 있어서 병력으로써 군사상의 필요에 응하거나 공공의 안녕질서를 유지할 필요가 있을 때에는 법률이 정하는 바에 의하여 계엄

을 선포할 수 있다.

② 계엄은 비상계엄과 경비계엄으로 한다.

③ 비상계엄이 선포된 때에는 법률이 정하는 바에 의하여 영장 제도, 언론·출판·집회·결사의 자유, 정부나 법원의 권한에 관하여 특별한 조치를 할 수 있다.

④ 계엄을 선포한 때에는 대통령은 지체없이 국회에 통고하여야 한다.

⑤ 국회가 재적의원 과반수의 찬성으로 계엄의 해제를 요구한 때에는 대통령은 이를 해제하여야 한다.

제78조 대통령은 헌법과 법률이 정하는 바에 의하여 공무원을 임면한다.

제79조 ① 대통령은 법률이 정하는 바에 의하여 사면·감형 또는 복권을 명할 수 있다.

② 일반사면을 명하려면 국회의 동의를 얻어야 한다.

③ 사면·감형 및 복권에 관한 사항은 법률로 정한다.

제80조 대통령은 법률이 정하는 바에 의하여 훈장 기타의 영전을 수여한다.

제81조 대통령은 국회에 출석하여 발언하거나 서한으로 의견을 표시할 수 있다.

제82조 대통령의 국법상 행위는 문서로써 하며, 이 문서에는 국무총리와 관계 국무위원이 부서한다. 군사에 관한 것도 또한 같다.

제83조 대통령은 국무총리·국무위원·행정각부의 장 기타 법률이 정하
　　　는 공사의 직을 겸할 수 없다.

제84조 대통령은 내란 또는 외환의 죄를 범한 경우를 제외하고는 재직
　　　중 형사상의 소추를 받지 아니한다.

제85조 전직대통령의 신분과 예우에 관하여는 법률로 정한다.

제2절 행정부
제1관 국무총리와 국무위원
제86조 ① 국무총리는 국회의 동의를 얻어 대통령이 임명한다.
　　　② 국무총리는 대통령을 보좌하며, 행정에 관하여 대통령의 명
　　　　을 받아 행정각부를 통할한다.
　　　③ 군인은 현역을 면한 후가 아니면 국무총리로 임명될 수 없다.

제87조 ① 국무위원은 국무총리의 제청으로 대통령이 임명한다.
　　　② 국무위원은 국정에 관하여 대통령을 보좌하며, 국무회의의
　　　　구성원으로서 국정을 심의한다.
　　　③ 국무총리는 국무위원의 해임을 대통령에게 건의할 수 있다.
　　　④ 군인은 현역을 면한 후가 아니면 국무위원으로 임명될 수 없다.

제2관 국무회의
제88조 ① 국무회의는 정부의 권한에 속하는 중요한 정책을 심의한다.
　　　② 국무회의는 대통령·국무총리와 15인 이상 30인 이하의 국무
　　　　위원으로 구성한다.

③ 대통령은 국무회의의 의장이 되고, 국무총리는 부의장이 된다.

제89조 다음 사항은 국무회의의 심의를 거쳐야 한다.
    1. 국정의 기본계획과 정부의 일반정책
    2. 선전·강화 기타 중요한 대외정책
    3. 헌법개정안·국민투표안·조약안·법률안 및 대통령령안
    4. 예산안·결산·국유재산처분의 기본계획·국가의 부담이 될 계
      약 기타 재정에 관한 중요사항
    5. 대통령의 긴급명령·긴급재정경제처분 및 명령 또는 계엄과
      그 해제
    6. 군사에 관한 중요사항
    7. 국회의 임시회 집회의 요구
    8. 영전수여
    9. 사면·감형과 복권
    10. 행정각부간의 권한의 획정
    11. 정부 안의 권한의 위임 또는 배정에 관한 기본계획
    12. 국정처리상황의 평가·분석
    13. 행정각부의 중요한 정책의 수립과 조정
    14. 정당해산의 제소
    15. 정부에 제출 또는 회부된 정부의 정책에 관계되는 청원의 심사
    16. 검찰총장·합동참모의장·각군참모총장·국립대학교총장·대
      사 기타 법률이 정한 공무원과 국영기업체관리자의 임명
    17. 기타 대통령·국무총리 또는 국무위원이 제출한 사항

제90조 ① 국정의 중요한 사항에 관한 대통령의 자문에 응하기 위하여

국가원로로 구성되는 국가원로자문회의를 둘 수 있다.

② 국가원로자문회의의 의장은 직전대통령이 된다. 다만, 직전 대통령이 없을 때에는 대통령이 지명한다.

③ 국가원로자문회의의 조직·직무범위 기타 필요한 사항은 법률로 정한다.

제91조 ① 국가안전보장에 관련되는 대외정책·군사정책과 국내정책의 수립에 관하여 국무회의의 심의에 앞서 대통령의 자문에 응하기 위하여 국가안전보장회의를 둔다.

② 국가안전보장회의는 대통령이 주재한다.

③ 국가안전보장회의의 조직·직무범위 기타 필요한 사항은 법률로 정한다.

제92조 ① 평화통일정책의 수립에 관한 대통령의 자문에 응하기 위하여 민주평화통일자문회의를 둘 수 있다.

② 민주평화통일자문회의의 조직·직무범위 기타 필요한 사항은 법률로 정한다.

제93조 ① 국민경제의 발전을 위한 중요정책의 수립에 관하여 대통령의 자문에 응하기 위하여 국민경제자문회의를 둘 수 있다.

② 국민경제자문회의의 조직·직무범위 기타 필요한 사항은 법률로 정한다.

제3관 행정각부

제94조 행정각부의 장은 국무위원 중에서 국무총리의 제청으로 대통령

이 임명한다.

제95조 국무총리 또는 행정각부의 장은 소관사무에 관하여 법률이나 대
통령령의 위임 또는 직권으로 총리령 또는 부령을 발할 수 있다.

제96조 행정각부의 설치·조직과 직무범위는 법률로 정한다.

제4관 감사원
제97조 국가의 세입·세출의 결산, 국가 및 법률이 정한 단체의 회계검
사와 행정기관 및 공무원의 직무에 관한 감찰을 하기 위하여 대
통령 소속하에 감사원을 둔다.

제98조 ① 감사원은 원장을 포함한 5인 이상 11인 이하의 감사위원으로
구성한다.
② 원장은 국회의 동의를 얻어 대통령이 임명하고, 그 임기는 4년
으로 하며, 1차에 한하여 중임할 수 있다.
③ 감사위원은 원장의 제청으로 대통령이 임명하고, 그 임기는
4년으로 하며, 1차에 한하여 중임할 수 있다.

제99조 감사원은 세입·세출의 결산을 매년 검사하여 대통령과 차년도
국회에 그 결과를 보고하여야 한다.

제100조 감사원의 조직·직무범위·감사위원의 자격·감사대상공무원의
범위 기타 필요한 사항은 법률로 정한다.

제5장 법원

제101조 ① 사법권은 법관으로 구성된 법원에 속한다.

② 법원은 최고법원인 대법원과 각급법원으로 조직된다.

③ 법관의 자격은 법률로 정한다.

제102조 ① 대법원에 부를 둘 수 있다.

② 대법원에 대법관을 둔다. 다만, 법률이 정하는 바에 의하여 대법관이 아닌 법관을 둘 수 있다.

③ 대법원과 각급법원의 조직은 법률로 정한다.

제103조 법관은 헌법과 법률에 의하여 그 양심에 따라 독립하여 심판한다.

제104조 ① 대법원장은 국회의 동의를 얻어 대통령이 임명한다.

② 대법관은 대법원장의 제청으로 국회의 동의를 얻어 대통령이 임명한다.

③ 대법원장과 대법관이 아닌 법관은 대법관회의의 동의를 얻어 대법원장이 임명한다.

제105조 ① 대법원장의 임기는 6년으로 하며, 중임할 수 없다.

② 대법관의 임기는 6년으로 하며, 법률이 정하는 바에 의하여 연임할 수 있다.

③ 대법원장과 대법관이 아닌 법관의 임기는 10년으로 하며, 법률이 정하는 바에 의하여 연임할 수 있다.

④ 법관의 정년은 법률로 정한다.

제106조 ① 법관은 탄핵 또는 금고 이상의 형의 선고에 의하지 아니하고는 파면되지 아니하며, 징계처분에 의하지 아니하고는 정직·감봉 기타 불리한 처분을 받지 아니한다.

② 법관이 중대한 심신상의 장해로 직무를 수행할 수 없을 때에는 법률이 정하는 바에 의하여 퇴직하게 할 수 있다.

제107조 ① 법률이 헌법에 위반되는 여부가 재판의 전제가 된 경우에는 법원은 헌법재판소에 제청하여 그 심판에 의하여 재판한다.

② 명령·규칙 또는 처분이 헌법이나 법률에 위반되는 여부가 재판의 전제가 된 경우에는 대법원은 이를 최종적으로 심사할 권한을 가진다.

③ 재판의 전심절차로서 행정심판을 할 수 있다. 행정심판의 절차는 법률로 정하되, 사법절차가 준용되어야 한다.

제108조 대법원은 법률에 저촉되지 아니하는 범위 안에서 소송에 관한 절차, 법원의 내부규율과 사무처리에 관한 규칙을 제정할 수 있다.

제109조 재판의 심리와 판결은 공개한다. 다만, 심리는 국가의 안전보장 또는 안녕질서를 방해하거나 선량한 풍속을 해할 염려가 있을 때에는 법원의 결정으로 공개하지 아니할 수 있다.

제110조 ① 군사재판을 관할하기 위하여 특별법원으로서 군사법원을 둘 수 있다.

② 군사법원의 상고심은 대법원에서 관할한다.

③ 군사법원의 조직·권한 및 재판관의 자격은 법률로 정한다.

④ 비상계엄하의 군사재판은 군인·군무원의 범죄나 군사에 관한 간첩죄의 경우와 초병·초소·유독음식물공급·포로에 관한 죄 중 법률이 정한 경우에 한하여 단심으로 할 수 있다. 다만, 사형을 선고한 경우에는 그러하지 아니하다.

제6장 헌법재판소

제111조 ① 헌법재판소는 다음 사항을 관장한다.

    1. 법원의 제청에 의한 법률의 위헌여부 심판

    2. 탄핵의 심판

    3. 정당의 해산 심판

    4. 국가기관 상호간, 국가기관과 지방자치단체간 및 지방자치단체 상호간의 권한쟁의에 관한 심판

    5. 법률이 정하는 헌법소원에 관한 심판

② 헌법재판소는 법관의 자격을 가진 9인의 재판관으로 구성하며, 재판관은 대통령이 임명한다.

③ 제2항의 재판관중 3인은 국회에서 선출하는 자를, 3인은 대법원장이 지명하는 자를 임명한다.

④ 헌법재판소의 장은 국회의 동의를 얻어 재판관 중에서 대통령이 임명한다.

제112조 ① 헌법재판소 재판관의 임기는 6년으로 하며, 법률이 정하는 바에 의하여 연임할 수 있다.

② 헌법재판소 재판관은 정당에 가입하거나 정치에 관여할 수

없다.

③ 헌법재판소 재판관은 탄핵 또는 금고 이상의 형의 선고에 의하지 아니하고는 파면되지 아니한다.

제113조 ① 헌법재판소에서 법률의 위헌결정, 탄핵의 결정, 정당해산의 결정 또는 헌법소원에 관한 인용결정을 할 때에는 재판관 6인 이상의 찬성이 있어야 한다.

② 헌법재판소는 법률에 저촉되지 아니하는 범위 안에서 심판에 관한 절차, 내부규율과 사무처리에 관한 규칙을 제정할 수 있다.

③ 헌법재판소의 조직과 운영 기타 필요한 사항은 법률로 정한다.

제7장 선거관리

제114조 ① 선거와 국민투표의 공정한 관리 및 정당에 관한 사무를 처리하기 위하여 선거관리위원회를 둔다.

② 중앙선거관리위원회는 대통령이 임명하는 3인, 국회에서 선출하는 3인과 대법원장이 지명하는 3인의 위원으로 구성한다. 위원장은 위원 중에서 호선한다.

③ 위원의 임기는 6년으로 한다.

④ 위원은 정당에 가입하거나 정치에 관여할 수 없다.

⑤ 위원은 탄핵 또는 금고 이상의 형의 선고에 의하지 아니하고는 파면되지 아니한다.

⑥ 중앙선거관리위원회는 법령의 범위 안에서 선거관리·국민

투표관리 또는 정당사무에 관한 규칙을 제정할 수 있으며, 법률에 저촉되지 아니하는 범위 안에서 내부규율에 관한 규칙을 제정할 수 있다.

⑦ 각급 선거관리위원회의 조직·직무범위 기타 필요한 사항은 법률로 정한다.

제115조 ① 각급 선거관리위원회는 선거인명부의 작성 등 선거사무와 국민투표사무에 관하여 관계 행정기관에 필요한 지시를 할 수 있다.

② 제1항의 지시를 받은 당해 행정기관은 이에 응하여야 한다.

제116조 ① 선거운동은 각급 선거관리위원회의 관리하에 법률이 정하는 범위 안에서 하되, 균등한 기회가 보장되어야 한다.

② 선거에 관한 경비는 법률이 정하는 경우를 제외하고는 정당 또는 후보자에게 부담시킬 수 없다.

제8장 지방자치

제117조 ① 지방자치단체는 주민의 복리에 관한 사무를 처리하고 재산을 관리하며, 법령의 범위 안에서 자치에 관한 규정을 제정할 수 있다.

② 지방자치단체의 종류는 법률로 정한다.

제118조 ① 지방자치단체에 의회를 둔다.

② 지방의회의 조직·권한·의원선거와 지방자치단체의 장의 선임방법 기타 지방자치단체의 조직과 운영에 관한 사항은 법률로 정한다.

제9장 경제

제119조 ① 대한민국의 경제질서는 개인과 기업의 경제상의 자유와 창의를 존중함을 기본으로 한다.

② 국가는 균형있는 국민경제의 성장 및 안정과 적정한 소득의 분배를 유지하고, 시장의 지배와 경제력의 남용을 방지하며, 경제주체간의 조화를 통한 경제의 민주화를 위하여 경제에 관한 규제와 조정을 할 수 있다.

제120조 ① 광물 기타 중요한 지하자원·수산자원·수력과 경제상 이용할 수 있는 자연력은 법률이 정하는 바에 의하여 일정한 기간 그 채취·개발 또는 이용을 특허할 수 있다.

② 국토와 자원은 국가의 보호를 받으며, 국가는 그 균형있는 개발과 이용을 위하여 필요한 계획을 수립한다.

제121조 ① 국가는 농지에 관하여 경자유전의 원칙이 달성될 수 있도록 노력하여야 하며, 농지의 소작제도는 금지된다.

② 농업생산성의 제고와 농지의 합리적인 이용을 위하거나 불가피한 사정으로 발생하는 농지의 임대차와 위탁경영은 법률이 정하는 바에 의하여 인정된다.

제122조 국가는 국민 모두의 생산 및 생활의 기반이 되는 국토의 효율적이고 균형있는 이용·개발과 보전을 위하여 법률이 정하는 바에 의하여 그에 관한 필요한 제한과 의무를 과할 수 있다.

제123조 ① 국가는 농업 및 어업을 보호·육성하기 위하여 농·어촌종합개발과 그 지원등 필요한 계획을 수립·시행하여야 한다.
② 국가는 지역간의 균형있는 발전을 위하여 지역경제를 육성할 의무를 진다.
③ 국가는 중소기업을 보호·육성하여야 한다.
④ 국가는 농수산물의 수급균형과 유통구조의 개선에 노력하여 가격안정을 도모함으로써 농·어민의 이익을 보호한다.
⑤ 국가는 농·어민과 중소기업의 자조조직을 육성하여야 하며, 그 자율적 활동과 발전을 보장한다.

제124조 국가는 건전한 소비행위를 계도하고 생산품의 품질향상을 촉구하기 위한 소비자보호운동을 법률이 정하는 바에 의하여 보장한다.

제125조 국가는 대외무역을 육성하며, 이를 규제·조정할 수 있다.

제126조 국방상 또는 국민경제상 긴절한 필요로 인하여 법률이 정하는 경우를 제외하고는, 사영기업을 국유 또는 공유로 이전하거나 그 경영을 통제 또는 관리할 수 없다.

제127조 ① 국가는 과학기술의 혁신과 정보 및 인력의 개발을 통하여

국민경제의 발전에 노력하여야 한다.

② 국가는 국가표준제도를 확립한다.

③ 대통령은 제1항의 목적을 달성하기 위하여 필요한 자문기구
를 둘 수 있다.

제10장 헌법개정

제128조 ① 헌법개정은 국회재적의원 과반수 또는 대통령의 발의로 제
안된다.

② 대통령의 임기연장 또는 중임변경을 위한 헌법개정은 그 헌
법개정 제안 당시의 대통령에 대하여는 효력이 없다.

제129조 제안된 헌법개정안은 대통령이 20일 이상의 기간 이를 공고하
여야 한다.

제130조 ① 국회는 헌법개정안이 공고된 날로부터 60일 이내에 의결하
여야 하며, 국회의 의결은 재적의원 3분의 2 이상의 찬성을
얻어야 한다.

② 헌법개정안은 국회가 의결한 후 30일 이내에 국민투표에 붙
여 국회의원선거권자 과반수의 투표와 투표자 과반수의 찬
성을 얻어야 한다.

③ 헌법개정안이 제2항의 찬성을 얻은 때에는 헌법개정은 확정
되며, 대통령은 즉시 이를 공포하여야 한다.

부칙 〈헌법 제10호, 1987.10.29.〉

제1조 이 헌법은 1988년 2월 25일부터 시행한다. 다만, 이 헌법을 시행하기 위하여 필요한 법률의 제정·개정과 이 헌법에 의한 대통령 및 국회의원의 선거 기타 이 헌법시행에 관한 준비는 이 헌법시행 전에 할 수 있다.

제2조 ① 이 헌법에 의한 최초의 대통령선거는 이 헌법시행일 40일 전까지 실시한다.

② 이 헌법에 의한 최초의 대통령의 임기는 이 헌법시행일로부터 개시한다.

제3조 ① 이 헌법에 의한 최초의 국회의원선거는 이 헌법공포일로부터 6월 이내에 실시하며, 이 헌법에 의하여 선출된 최초의 국회의원의 임기는 국회의원선거후 이 헌법에 의한 국회의 최초의 집회일로부터 개시한다.

② 이 헌법공포 당시의 국회의원의 임기는 제1항에 의한 국회의 최초의 집회일 전일까지로 한다.

제4조 ① 이 헌법시행 당시의 공무원과 정부가 임명한 기업체의 임원은 이 헌법에 의하여 임명된 것으로 본다. 다만, 이 헌법에 의하여 선임방법이나 임명권자가 변경된 공무원과 대법원장 및 감사원장은 이 헌법에 의하여 후임자가 선임될 때까지 그 직무를 행하며, 이 경우 전임자인 공무원의 임기는 후임자가 선임되는 전일까지로 한다.

② 이 헌법시행 당시의 대법원장과 대법원판사가 아닌 법관은 제1항 단서의 규정에 불구하고 이 헌법에 의하여 임명된 것으로 본다.

③ 이 헌법 중 공무원의 임기 또는 중임제한에 관한 규정은 이 헌법에 의하여 그 공무원이 최초로 선출 또는 임명된 때로부터 적용한다.

제5조 이 헌법시행 당시의 법령과 조약은 이 헌법에 위배되지 아니하는 한 그 효력을 지속한다.

제6조 이 헌법시행 당시에 이 헌법에 의하여 새로 설치될 기관의 권한에 속하는 직무를 행하고 있는 기관은 이 헌법에 의하여 새로운 기관이 설치될 때까지 존속하며 그 직무를 행한다.